비즈니스
리프레임

불확실성의 시대, 기업과 브랜드의
효율적인 혁신 전략!

비즈니스 리프레임

초판 1쇄 인쇄 2023년 9월 12일
초판 1쇄 발행 2023년 9월 22일

지은이 이연주

발행인 백유미 조영석

발행처 (주)라온아시아
주소 서울특별시 방배로 180 스파크플러스 3F

등록 2016년 7월 5일 제 2016-000141호
전화 070-7600-8230   **팩스** 070-4754-2473

값 18,500원
ISBN 979-11-6958-077-9 (13320)

라온북은 독자 여러분의 소중한 원고를 기다리고 있습니다. (raonbook@raonasia.co.kr)

Business Reframe

불확실성의 시대,
기업과 브랜드의 효율적인 혁신 전략!

비즈니스
리프레임

이연주 지음

고객 가치에
맞는 리프레임
기업 혁신법

다양한 기업의
리프레임
사례 제시!

국내 최고 대기업의 혁신 전략 멘토가
알려주는 경영혁신 솔루션

"고객 소멸의 시대, 새로운 비즈니스를 창출하라!"

RAON
BOOK

불확실성 시대의 기업과
브랜드가 혁신하는 방법은 무엇인가?

생각을 바꾸면 혁신의 답을 얻을 수 있다. 이 책에서 설명하고 있는 리프레임은 지금하고 있는 비즈니스의 모든 것을 바꾸라는 말이 아니다. 리프레임은 비즈니스를 바라보는 사고의 틀을 바꾸어 시대의 흐름에 맞는, 그리고 고객이 가치 있다고 생각하는 프레임으로 바꾸는 것이다. 그래서 '리프레임'은 매우 효율적으로 혁신할 수 있는 방법이라고 믿는다. 리프레임을 하려면 깊이 있는 생각이 필요하고, 깊이 있는 생각에 도달하려면 다양한 시각의 'input'이 있어야 가능하다.

나는 깊이 있는 생각이라고 표현했지만, 비즈니스에서 혁신을 논할 때 대부분 '창의성(Creativity)', '통찰력(Insight)'이라는 개념어로 설명한다. 창의성과 통찰력은 마치 검정색 박스 안에 가려져 있는 것과 같아 실제로 안에 무엇이 있는지 알기 힘들다. 더 중요한 것은 창의성과 통찰력이 어떠한 프레임 안에서 발현되냐에 따라 그 솔루션은 매우 달라진다는 점이다. 당연히 잘못된 프레임에서의 창의성과 통찰력은 안타깝게도 제대로 된 효과를 내지 못한다.

나는 이 책에서 이 시대에 필요한 차별성을 가질 수 있는 나만의 비즈니스 프레임을 만들어 가는 방법을 설명하고 검정색 박스 안에 있는 것 같은 창의성과 통찰력을 최대한 투명한 박스로 보여주고자 노력했다.

나를 설레게 하는 순간은 고민 끝에 혁신의 기회를 찾았을 때, 본질을 꿰뚫는 솔루션을 제시했을 때이다. 그리고 그로 인해 내가 컨설팅을 한 기업이나 부서가 만족하고 혁신을 실행하는 조직을 신설하거나 부서의 역할이 커졌을 때이다.

나는 대기업에서 혁신을 기획하는 업무를 해왔다. 회사에서 프로젝트를 하다 보면 결과를 중심으로 발표하고 결과를 중심으로 평가받기 때문에 결과 속에 녹여져 있는 과정은 잘 드러나지 않는다. 어떤 사고와 어떤 지식의 결합으로 결과가 나온 것인지, 어떤 프로세스로, 어떤 노하우가 적용되었는지는 모두 휘발되고 만다. 이점이 매우 안타깝다. 그래서 나는 18년 회사 생활을 하면서 터득한 성공 프로젝트 이면의 노하우와 사고 방식을 이 책에 녹여내어 공유하고자 한다.

나는 운 좋게도 혁신이 필요한 프로젝트를 리드할 기회를 많이 접할 수 있었다. 그것도 기존의 비즈니스의 틀을 깨고 새로운 판도를 만들어야 하는 프로젝트, IT 기업이 아닌 회사에 IT를 적용해서 혁신하고자 하는 프로젝트 등 정말 무엇과도 바꿀 수 없는 경험이었다. 나는 이 책에서 새로운 프레임을 만들어 혁신하는 것을 '리프레임'으로 명명하였다. 즉, 리프레임은 '기존의 경쟁의 프레임에서 시각을 바꾸어 새로 정의 내린 프레임으로 혁신하는 방식'이라는 의미이다.

물론 새롭다고 다 좋은 프레임을 의미하는 것은 아니다. 이 시대의 고객이 가치를 느끼는 프레임으로 혁신하는 방법을 소개하고자 한다.

4차 산업혁명이라고 불리는 지금의 시대는 불확실성이 높다고들 한다. 비즈니스의 판이 새롭게 바뀌고 있기 때문이다. AI, 메타버스, IoT 등 새로운 기술들이 쏟아지고 있고, 삶의 방식도 코로나 이후 미래가 코로나 전에 예측했던 것보다 빨리 앞당겨졌다. 어디서든 일하고, 모바일로 구매하고, 화상으로 소통하는 것이 이제는 일상이 되었다. 경쟁도 더욱 심화되어 인터넷 검색을 하면 비슷한 제품이 쏟아진다. 주변의 많은 것이 바뀌고 있는 시대에 나만 과거의 프레임 안에서 과거의 방식에 머물러 있으면 성공을 장담할 수 없다. 이제는 누군가를 따라 성공하기 힘든 시대가 되었다. 지금까지 우리나라 기업들은 이미 만들어진 해외 선진 기업의 비즈니스 공식을 빨리 받아들이고 실행하여 성공을 이뤘다. 하지만 이제는 새로운 성공 공식이 필요하다. 우리 스스로 비즈니스 개념을 설계해 나가야 하는 때가 도래한 것이다.

나는 현재의 상황을 불확실하고 변화의 빠른 속도에 불안해하기보다 오히려 4차 산업혁명이 가져다주는 많은 새로운 기술과 변화된 삶의 방식, 소비 행태 중에 내가 취해야 하는 것은 무엇인지에 대한 판단을 명확히 할 수 있으면 그 불확실은 기회가 된다고 믿는다. 그래서 지금이야말로 나만의 프레임으로, 경쟁을 하지 않고 나의 길을 걷는 방법을 고민하는 리프레임의 적기라고 생각한다.

　나만의 프레임을 만들기 위해서는 비즈니스의 본질을 파악해야 한다. 하지만 변하지 않는다고 믿었던 과거의 본질은 지금 시대에 필요한 본질과 다르다. 판이 바뀌고 있는 시대에 나의 프레임을 만들기 위해 1장에서는 지금 시대에 맞는 비즈니스의 본질을 꿰뚫는 방법을 설명한다. 그리고 왜 업의 본질을 새롭게 찾아야 하는지, 본질을 찾는 방법, 비즈니스 리프레임을 하기 위한 접근 방식을 소개한다.

　본질을 이해했다면 다음은 적용할 솔루션을 찾아야 한다. 나는 비즈니스에서의 답은 고객에 있다고 믿는다. 많은 사업가, 전략가들도 그렇게 믿을 것이다. 하지만 지금의 경쟁 구도에서 고객을 보는 것과 리프레임을 위한 나만의 프레임으로 바라보는 고객은 그 대상이 다르다. 지금 내가 핵심 고객이라고 생각하는 고객이 앞으로는 핵심 고객이 아닐 수 있다. 그리고 나의 기업은 대중을 대상으로 하기 때문에 타깃을 선정할 필요성을 못 느낀다거나, 타깃하는 고객을 세밀하게 묘사할 수 없다고 말하는 기업은 고객을 모르는 것과 마찬가지이다.

　2장에서는 고객으로부터 비즈니스 혁신의 솔루션을 찾는 방법과 노하우를 담았다. 리프레임을 하기 위해 타깃해야 하는 고객은 누구인지와 철저히 고객 중심으로 솔루션을 찾는 방법, 그리고 이들을 브랜드 팬으로 만들기 위해 고객을 바라보는 관점을 바꾸는 방법을 소개한다.

리프레임은 한번의 아이디어로 되는 것이 아니라 기업에서 지속적으로 관리되어야 한다. 기업의 진정성이 중요해지고 있는 시대의 핵심은 지속성이다. 리프레임을 하고 몇몇의 아이디어들의 적용으로 끝나면 안 되는 이유이다.

3장에서는 혁신을 하는 조직의 역할, 혁신에 필요한 사고 방식, 프로젝트 프로세스, 조직의 유형, 트렌드 읽는 방법, 고객에게 기억되는 혁신을 하는 방법 등을 다룬다.

마지막 4장에서는 에어비앤비, 홉스킵드라이브, 스타벅스, 이솝, 나이키 브랜드들의 사례를 통해 어떻게 자신만의 프레임으로 비즈니스를 하고 있는지를 소개한다. 리프레임은 한 부분의 혁신이 아니라 리프레임 콘셉트를 중심으로 모든 요소가 꿰어지는 것이다. 다른 장들에서 개별적으로 설명한 방법들이 사례를 통해 어떻게 브랜드 내에서 꿰어지고 있는지를 소개한다. 스타트업에서 출발한 에어비앤비와 홉스킵드라이브, 기존 산업에 자신만의 리프레임 콘셉트로 고유한 가치를 제공하고 있는 스타벅스와 이솝, 기존의 프레임을 시대에 맞게 진화시켜나가고 있는 나이키 등 다양한 유형의 기업 사례로 구체적으로 무엇을 어떻게 리프레임했는지를 설명하고자 한다.

회사에서 프로젝트를 하다 보면 전략과 기획을 고민할 시간이 별로 없을 때가 많다. 좋은 아이디어를 가져오라는 독촉에 쫓기기 마련이다. 이런 고민의 시간 없이 아이디어만으로 승부하면 나중에 잘못된 것을 고치고, 개선하는 데 더 많은 시간과 비용이 든다는 사실을 간과하기 일쑤이다. 지금의 시대는 빠른 실행 전에 깊이 있는 사고(Deep Thinking)가 필요하다. 그래서 나는 이 책을 통해 자신만의 프레임으로 혁신을 시도하고자 하는 사람들, 기획자, 전략가, 혁신 프로젝트를 맡은 관리자나 창업자, 학생들에게 도움이 되었으면 한다. 그들에게 어디서부터 어떻게 해야 되는지 고민하는 시간을 조금이라도 줄여주고자 한다. 그리고 이들이 누군가를 설득해서 비즈니스의 새로운 돌파구를 찾고자 할 때, 이 책이 설득의 실마리가 되기를 바란다. 그리고 이 책을 읽고 경쟁하지 않는 나만의 비즈니스를 만들 수 있는 인사이트를 얻어갈 수 있기를 바란다.

차 례

2장

REFRAME CUSTOMER- 고객 통찰

1장

REFRAME
BUSINESS

비즈니스 통찰

지금까지 업의 본질은 잊어라

♦ 업의 본질과 특성이 곧 업을 규정한다

업의 개념은 '나는 무슨 사업을 하고 있는지'에 대한 답이다. 당연히 사업을 하고 있으면 답할 수 있는 질문이라고 생각할 수 있으나, 의외로 쉽지 않다. 업의 개념은 업의 본질과 특성의 합으로 이루어진다. 업의 본질이란 변하지 않는 성질인 것이고, 특성이란 시대와 환경의 변화에 따라 달라지는 성질인 것이다. 이것을 도식화하면 다음과 같이 표현된다.

> 업의 개념 = 업의 본질 + 업의 특성

나는 '업'을 생각할 때 업의 개념보다 더 중요한 것이 '업의 본질'에 대한 이해라고 생각한다. 내가 지금까지 들었던 업의 본질에 대한 가장 탁월한 설명은 모 대기업 회장과 계열사 중 하나인 호텔 사장과의 대화이다.

회장은 어느 날 호텔 사장을 불러 물었다.

"호텔업의 본질은 무엇입니까?"

"네, 서비스업입니다."

사장이 답하자, 회장은 다시 생각해 보고, 재논의하자고 지시했다. 사장은 전 세계 주요 호텔들을 깊이 조사한 후, 회장을 다시 만났다. 그리고는 "호텔업의 본질은 장치산업과 부동산업입니다. 왜냐하면 입지에 따라 고객들이 달라지고 그에 따라 서비스가 달라지니 그 본질은 부동산입니다"라고 다시 답했다. 이 말에 회장은 흡족해하며 그 본질에 맞게 사업 방향성, 전략, 서비스, 인사 등을 추진하라고 말했다.

호텔업의 본질은 타깃으로 하는 고객이 이용하기 좋은 위치와 호텔을 구성하는 시설들, 예를 들어, 객실, 수영장, 레스토랑, 카페, 연회장 등으로 구성되고, 세세하게는 그 안에 비치되는 수백 가지 비품들로 이루어진다. 그리고 또한 호텔은 한번 위치를 선정해서 지어지면 변경하기 힘들기 때문에 그 본질 면에서 부동산과 장치산업이 되는 것이다.

◆ 성공의 핵심은 자기 사업의 본질 꿰뚫기

나는 이 일화에서 사업 성공의 핵심은 자기 사업의 본질을 꿰뚫는 데 있음을 알게 되었다. 업의 개념에는 한 가지 답만 있는 것은 아니다. 같은 호텔 사업을 하더라도 업의 개념을 가족이 즐기는 곳으로, 지역의 문화를 느끼는 곳으로, 업무의 효율성으로 다르게 정의할 수 있다. 오히려 실제 기업의 차별화를 위해서는 다르게 정의해야 한다. 업의 개념이 다르다고 하더라도 업의 본질은 같다.

업의 본질이 중요한 이유는 사람의 삶에 대입해 보면 금세 알 수 있다. 내가 하고 싶은 일, 이루고자 하는 것이 무엇인지(업의 개념), 그 일은 어떤 특징을 가지고 있는지(업의 특징), 그리고 그 일을 잘하려면 어떤 역량이 필요한지(업의 본질)를 파악해야 하듯, 기업이 하려는 '업의 본질'도 이런 것들을 알아야 가능하기 때문이다. 개인이 이런 고민 없이 자기 진로를 결정하기 힘든 것과 마찬가지이다.

따라서 비즈니스를 고민하는 CEO, 사업가, 직장인들은 이 중요한 질문에 대해 진지하게 고민해야 한다. 업의 본질은 모든 직원이 알고 있고 그 방향으로 나아가도록 같이 고민해야 하는 주제가 되기 때문이다.

♦ 왜 지금까지의 본질을 잊어야 하는가?

사업을 오랜 시간 운영해왔다면 이미 업의 개념을 정의했을 수도 있고, 이제 막 사업을 시작한 스타트업이라면 본격적으로 정의를 해야 할 것이다. 어떤 경우라도 지금의 시대에는 업의 개념, 본질, 특징을 재정의해야 한다. 업의 본질은 과거 경영 환경 속에서는 변하지 않는 것으로 여겨왔으나, 지금의 시대와 앞으로 다가오는 시대는 본질마저 다시 생각해야 된다.

에어비앤비(Airbnb)는 호텔 하나 없지만, 기업가치는 힐튼, 메리어트, 하얏트 등 세계 3대 호텔 체인의 시가 총액 합계와 맞먹는 수준을 유지하고 있다. 어떻게 가능했을까? 기존 호텔업과 비교를 통해 에어비앤비의 사례로 업의 개념, 본질, 특징을 살펴보면, 에어비앤비의 업의 본질은 장치산업과 부동산업이 아니라 **호스트와 여행객을 연결해주는 코디네이팅**(coordinating) 능력이다. 에어비앤비의 업의 개념은 '숙박을 위한 룸(room)'을 파는 것이 아니라, '이국에서의 일상적 경험'을 파는 것이다. (〈표1〉참조)

◐ 〈표1 기존 호텔과 에어비앤비 업의 개념, 본질, 특성 비교〉

기존 호텔			에어비앤비		
업의 개념	업의 본질	업의 특성	업의 개념	업의 본질	업의 특성
손님을 묵게 하는 시설	장치산업 부동산업	• 인적 서비스 • 계절성 • 이벤트 • 시설 노후화 등	이국에서의 일상적 경험	코디네이팅	• 호스트 확보 및 관리 • 다양한 여행 테마 • 안전과 신뢰

에어비앤비는 지금까지 변하지 않는다고 생각했던 업의 본질마저 재정의했다. 지금까지의 본질을 잊어야 하는 가장 큰 이유세 가지는 정보의 증대로 고객이 주도하는 구매 프로세스로 전환, 인터넷의 발달로 시공간 제약의 없어지고, 기술의 대중화로고객이 인지하는 기술 격차가 축소되고 있기 때문이다. 이와 비슷한 맥락에서, 나는 지금까지 우리가 생각해왔던 업의 본질을잊어야 하는 이유로 다음의 세 가지를 들고 싶다.

◆ 첫째, 모바일 인터넷이 바꾼 구매 프로세스

과거 모바일 인터넷이 없던 시절의 구매 과정은 기업 중심이었다. 내가 기업 중심이라고 생각하는 이유는, 고객은 기업의 광고나 홍보 정보를 TV, 잡지, 광고 등으로 접하고, 이를 기억하고있다가 내게 필요한 순간에 떠올리게 하는 프로세스였기 때문이다. 그러나 모바일 인터넷을 사용하는 지금은 고객 중심의 구매프로세스로 바뀌었다. (〈표2〉 참조)

여행을 가서 머물 호텔을 선택하는 사례를 예로 들어보자. 이제는 굳이 어떤 호텔 브랜드를 먼저 떠올릴 필요가 없다. 내가 선호하는 나의 니즈에 맞는 조건을 인터넷 검색을 통해 찾아볼 수도 있고, 인플루언서들이 요즘 어디 가서 무엇을 하는지를 보고 선택할수도 있다. 과거에는 의사 결정의 중요한 부분이 내가 필요한 시점에 떠오르는 브랜드, 즉 '그 기업이 얼마나 잘 알려진 기업이냐'였다면, 최근에는 고객의 높아진 정보 접근성으로 인해 의사 결정의 중심이 '나의 니즈', 즉 고객으로 바뀌었다.

⊙ 〈표2 구매프로세스 변화〉

	모바일 인터넷이 없던 과거	모바일 인터넷이 있는 현재
구매 과정	광고 · 홍보 → 고객 니즈 → 기억 → 선택 기억된 브랜드와 고객의 니즈를 매치	고객의 니즈 → 검색 → 정보 →선택 원하는 요건을 갖춘 선택지를 찾아 선택

⊙ 〈표3 호텔 사례로 본 구매 프로세스 변화〉

	모바일 인터넷이 없던 과거	모바일 인터넷이 있는 현재
호텔 선택 과정	[고객 니즈] 이번 여행에서는 조용하게 쉴 수 있는 곳으로 가볼까? 쉬면서 현지 문화 체험을 할 수 있는 곳은 없을까? 자연을 느낄 수 있는 곳은 없을까?	
	[기억] ○○리조트, ○○호텔 [선택] 기억하고 있는 곳 중 니즈에 근접한 호텔 선택	[검색] 인스타, 검색사이트, 호텔 비교 앱 등 [선택] 검색을 통해 니즈를 충족하는 호텔 선택

〈표3 호텔 사례로 본 구매 프로세스 변화〉에서 보듯, 모바일 인터넷이 고객의 구매 과정을 바꾼 것이다. 잠재된 고객의 니즈(needs), 원츠(wants), 열망(desire)을 읽어내는 활동이 그만큼 중요한 이유이다. 자세한 방법에 대해서는 2장 'REFRAME CUSTOMER- 고객 통찰'에서 다루도록 하겠다. 구매 프로세스가 고객 중심으로 바뀌었다는 의미는 기업 입장에서 새로운 위협이 되고 있다. 검색을 통해 나온 수많은 리스트 중에서 나의

상품이 선택을 받아야 되는 입장에 처했다는 의미이기 때문이다. 이 틀을 깨지 않으면 긍정 리뷰를 늘리고, 별점을 높이며, 가격을 낮추는 등 방어적이고 수동인 비즈니스를 하게 되기 쉽다. 이를 능동적으로 고객의 니즈, 원츠, 열망를 제공하는 방식으로 전환해야 한다.

◆ 둘째, 시공간의 제약과 틀이 깨지다

과거에는 물리적인 장소가 있어야지만 상품을 판매할 수 있었고 브랜드를 알릴 수 있었다면, 이제는 그렇지 않다. 이제 고객은 네이버, 쿠팡, 아마존 등 플랫폼에서 국내는 물론 해외 제품까지 손쉽게 구매할 수 있다. 음식점에 가지 않아도 배달해서 먹을 수도 있고, 박물관에 가지 않아도 세계에서 유명한 박물관과 미술관의 가상 여행을 즐길 수 있다.

실제 대영박물관, 구겐하임 미술관, 프랑스의 오르세 미술관, 우리나라의 국립현대미술관 등 많은 박물관과 미술관이 가상 투어를 제공하고 있다. 이뿐만 아니라 에어비앤비는 2020년 4월 가상 여행 프로그램인 '온라인 체험(Online Experience)'을 론칭했다. '온라인 체험'은 말그대로 화상으로 체험 콘텐츠를 즐기는 것으로, 방에서도 여행을 즐길 수 있는 프로그램이다.

그렇다고 물리적인 오프라인 여행이 의미 없다는 것은 아니다. 에어비앤비는 2021년 자체 트렌드 리포트에서 코로나 이후 여행의 형태가 바뀌었다는 것을 감지하였다. 코로나로 재택 근무의 확산과 함께 장기 여행의 니즈가 증가한 것을 파악하고 주말·1주일 혹은 한 달 단위로 숙박 일정을 정할 수 있게 했다. 또한 휴가 시즌이 아니어도 언제 어디서나 여행을 가고자 하는 니즈의 증가를 감지하고, 여행자가 정확한 날짜나 목적지를 입력하지 않아도 자유롭게 여행 일정을 조정할 수 있도록 검색 기능을 개선했다.

이렇듯 시공간의 제약이 없어지고 있는 상황에서 기업은 어떠한 상품과 서비스를 어디에서 어떻게 팔거나 제공할지 새롭게 고민해야 한다. 공간의 개념을 물리적인 공간만이 아니라 가상 공간까지 넓게 봐야 하고, 시간적 개념도 스토어의 오픈 시간만이 아니라 24시간으로 봐야 한다. 또한 서비스를 제공하는 개념도 지금의 주중, 주말, 시즌, 비시즌과 같은 틀을 깨야 한다.

◆ 셋째, 고객이 인지하는 기술 격차의 축소

과거, 기업 간의 기술 격차가 큰 시대의 고객은 품질과 성능이 구매 요인으로 크게 작용했다. 우수한 제품이 시장에 나오면 고객은 그 차이를 명확히 인지하고 있었다. 이 개념은 《플랫폼 제국의 탄생과 브랜드의 미래》(김병규, 미래의창, 2021)에 쉽게 소개되어 있다. 이 책에서 저자는 80년대에 유행했던 '코끼리 밥솥'을 예로 들어 설명했다. 한국에서 크게 유행했던 코끼리 밥솥은 일본 여행자나 출장자들이 꼭 사와야 하는 아이템이었다. 그러나 지금은 어떤가? 이제는 많은 밥솥 브랜드 중에 내가 원하는 제품을 골라 산다. 특정 브랜드만을 고집하기보다는 내가 필요한 기능을 갖춘 제품을 찾아 구매한다. 검색해 보니 우리나라 브랜드만 10개도 넘는다.

이와 같은 현상은 물론 소형 가전제품에서만이 아니라 상품의 품질 격차가 줄어드는 산업 어디에서나 일어날 수 있는 현상이다. 스마트폰, TV, 자동차 등 기술 집약적인 제품에서도 나타나고 있고, 카페, 레스토랑, 호텔 등 서비스업에서도 나타나고 있다. 그만큼 브랜드의 파워가 약해지고 있다는 의미기도 하다. 예전에는 기술적 월등함, 품질의 우수함을 가진 특정 브랜드 선호가 뚜렷했다면, 이제는 고객 스스로 판단하여 자신이 원하는 기준의 제품을 구매한다. 기술적 차별화를 위한 노력을 지속해야 하지만, 이것만으로는 안 된다. 이제 기술은 목표가 아니라 업의 개념을 완성하기 위한 도구로 여겨야 한다.

◆ 업의 개념을 진화시켜라

업의 본질까지 변하고 있는 상황에서 무엇을 어떻게 해야 하나? 먼저 업의 개념을 한 번의 정의에 그치는 것이 아니라 진화

시켜야 하는 대상으로 봐야 한다. 시대 변화에 맞추어 선진 기업들은 업의 개념 정의를 새롭게 하고 있다. 애플은 워치를 패션에서 나아가 헬스 사업으로 정의하여 진화시켜 가고 있다. 나이키는 '스포츠웨어'가 아니라 '건강한 삶'을 팔고 있고, 현대백화점은 '상품'이 아니라 '라이프스타일'을 판다고 재정의하였다. 이처럼 업의 개념을 무엇으로 보느냐에 따라 업의 본질과 특성이 달라진다.

과거에는 모 대기업 회장의 일화에서와 같이 업의 본질에 대한 질문을 가장 먼저 던졌다. 그 당시에는 업의 개념이 이미 큰 틀에서 정의되어 있었기 때문이다. 그러나 이제는 업의 개념을 먼저 질문해야 한다. 여기서 무엇보다도 중요한 핵심은 업의 개념을 고객 경험 중심으로 정의해야 한다는 것이다. 그래야만 비즈니스 프레임을 시대에 맞게 재정의할 수 있다. (〈표4〉 참조)

○ 〈표4 업의 개념과 특성, 본질로 접근하기〉

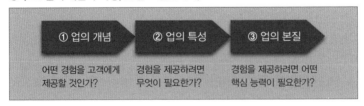

비즈니스를 기존에 정의된 개념으로 놓고 본질만 고민하면

과거의 전략이 나올 뿐이다. 앞서 얘기한 바와 같이 고객 중심의 구매 프로세스로 바뀐 지금의 비즈니스 상황에서는 고객의 언어로, 즉 고객에게 어떤 경험을 제공할지를 고민해야 한다. 비즈니스를 리프레임하고자 한다면, '업의 개념 → 업의 특성 → 업의 본질'의 순서로 접근해보자. 우리는 현재 정답이 없는 시대를 살고 있다. 이제 정답을 찾는 것이 아니라 정답을 만들어가야 한다. 즉, 업의 개념을 정하고 그에 맞는 특성과 본질을 만들어가야 한다.

5Whys
: 진짜 문제점을 찾아라

♦ '왜'라는 질문을 해야 하는 이유

변하지 않는다고 믿었던 업의 본질도 바꿔야 하는 '리프레임'이 필요한 시점에서 가장 먼저 생각해 봐야 하는 것은 문제의 본질이다. 기존의 비즈니스 틀에서 빠져나와 새로운 기회를 모색하기 위해서는 문제의 정의를 잘 해야 한다.

비즈니스를 하는 사람들이 가장 잘 활용해야 하는 것은 '왜'라는 질문이다. '왜'라는 질문을 하는 가장 보편적인 방법으로 '5Whys' 기법이있다. 이 기법은 어떠한 문제가 발생했을 때 연속적으로 최소한 5번 '왜?'라는 질문을 반복하는 것으로, 그 목적은 문제의 근본 원인을 파악하고자 함이다.

이 기법은 원래 토요타의 창업자인 사키치 토요타(Sakichi

Toyoda, 1867~1930)가 고안한 방법이다. 예를 들어, '차량 시동이 걸리지 않는 문제'가 발생했을 때 문제를 해결하기 위해 '5Whys' 기법을 적용한다면 〈표5〉와 같은 근본 원인이 도출될 것이다.

● 〈표5 당면한 문제 : 차량 시동이 걸리지 않는다〉

1st Why	왜 시동이 걸리지 않을까?	1st Answer	배터리가 방전되었다.
2nd Why	왜 배터리가 방전되었을까?	2nd Answer	교류 발전기가 작동하지 않는다.
3rd Why	왜 교류 발전기가 작동하지 않았을까?	3rd Answer	교류 발전기 벨트가 파손되었다.
4th Why	왜 교류 발전기 벨트가 파손되었을까?	4th Answer	교류 발전기 벨트가 사용 수명을 훨씬 넘어 교체되지 않았다.
5th Why	왜 교류 발전기가 사용 수명을 넘었는데 교체되지 않았을까?	5th Answer	차량이 권장 서비스 일정에 따라 유지 관리되지 않았다. → 근본 원인

https://en.wikipedia.org/wiki/Five_whys

이 기법의 창시자 토요타가 사망한 지도 벌써 100여 년이 지났는데, 이런 기법이 요즘에도 통하나 싶을 수 있겠지만, 실제 나는 많은 사업 혁신이나, 상품 혁신 프로젝트에 이 기법을 적용해서 성공시켰다. 이 기법은 과거에는 식스 시그마(Six Sigma : 기업에서 품질혁신과 고객만족을 달성하기 위해 실행하는 기업경영 전략)에 사용되었고, 현재는 스타트업(Startup)에서 많이 쓰고 있다.

이 기법을 꼭 문제를 찾아내고 고치는 데에만 쓸 필요는 없다. 프로젝트 초기에 이미 문제점이 규정되어 있는 경우도 있고, 무엇이 문제인지도 모르고 시작해야 되는 프로젝트도 있지만,

어느 쪽이든 상관은 없다. 프로젝트 초기든, 프로젝트를 진행하는 동안이든 끊임없이 'Why?'를 스스로 질문해야 한다. 많은 경우 문제의 정의 자체가 잘못되어 있기 때문이다.

♦ 비즈니스 프레임을 깨기 위한 변형된 '5Whys'

'5Whys' 기법은 문제를 해결하는 것뿐만 아니라 현재의 비즈니스 프레임을 깨고 새로운 비즈니스 프레임을 짜는 데에도 활용할 수 있다. 다만 이때는 기존 '5Whys' 방법을 약간 변형해서 적용해야 한다. 내가 생각해 낸 변형 방법은 '5Whys & 5Questions' 방법이다. 5개에 너무 연연할 필요는 없다. 핵심은 최대한 근본적인 원인을 찾아보고 새로운 프레임의 가능성을 열기 위함이라 'Whys'와 'Questions'가 4개여도 괜찮고 5개를 넘어도 된다. 숫자보다는 깊이 있는 고민을 하는 데에 초점을 두면 된다.

다음 〈표6 테마파크의 당면 문제 사례: 방문객이 줄고 있다〉는 변형된 '5Whys'를 적용해 문제를 해결하고 비즈니스 프레임을 깬 사례다. 〈표5〉에서와 달리 변형된 기법은 '왜'만을 묻는 것이 아니라 '질문(Question)'을 하고, 이에 해당하는 '답(Answer)'을 해보며, 그 대답에 대한 '왜 (Why)'를 묻는 방법이다. 변형된 5Why 방법을 '5Whys& 5 Questions'라고 부르도록 하겠다. 〈표6〉에서와 같이 '5whys & 5 Questions'를 표로 기록했을 때의 장점은 문제점의 배경을 한눈에 볼 수 있어 여러 사람들과 프로젝트를 하면서도 문제에 대한 공감을 할 수 있다는 점이다.

○ 〈표 6 테마파크의 당면 문제 사례 : 방문객이 줄고 있다〉

Question	Answer	Why
① 무엇이 문제인가? ⟶	② 방문객이 줄고 있다 ⟶	③ 왜 방문객이 줄고 있나?
	④ 똑같은 놀이 시설에 새로움을 못 느끼는 것 같다	
⑤ 그렇다면 새로운 놀이 시설을 설치하면 어떤가?	⑥ 너무 큰 비용이 발생하고 기존의 부지에는 더 이상 큰 규모의 시설 설치는 어렵다. … 사실 확인	⑦ 왜 새로운 시설 설치만을 고민해야 하나?
⑧ 기존 시설을 새롭게 즐길 수 있는 방법은 없나? … 탐색	⑨ 새로운 놀이 시설이 있어야 임팩트가 있다. … 사실 확인	⑩ 부지를 더 확장할 수는 없는가? … 사실 확인
		⑪ 왜 꼭 테마파크의 즐길 거리가 놀이 기구여야만 하나?
⑫ 요즘 나타나고 있는 새로운 놀거리는 무엇인가? … 탐색		

위의 예시(표6)는 '방문객이 줄고 있다'는 하나의 문제에 대한 변형된 '5Whys'의 예시로, 실제 프로젝트에서는 여러 개의 문제가 있을 수 있어 위와 같은 표가 여러 개 존재할 수 있다. 여러 개의 표가 있다면 훨씬 더 많은 논의가 가능하다. 중요한 것은 중간중간 정확하지 않은 답변들이 있을 수 있어 이를 메모해 두었다가 '사실 확인'이 필요하다는 점이다. 또한 답하기 어려운 질문은 자세히 조사해서 구체화할 필요가 있어 '탐색'하는 과정

도 필요하다.

♦ 변형된 '5 Whys & 5 Questions'를 쓰는 이유

'5Whys & 5Questions'의 목적은 2가지이다. '문제 인식을 공
감하기'와 '틀을 깨는 사고를 하기' 위함이다. 실제 한 프로젝트
에서 방문객이 줄어든 문제가 발생했을 때 이 기법으로 다 같이
전사적으로 문제라고 인식하고, 그 원인이 놀이 시설에만 있는
것이 아니라는 점을 공감한 기억이 있다. 프로젝트 초기에 문제
인식을 같이하지 않으면 프로젝트에 모두가 같이 몰입하고 동
기부여하기가 어렵다. 어떤 경우에는 엉뚱한 문제만 고민하다
정작 중요한 사안에는 깊이 있는 고민을 하지 못하는 경우가 발
생하기도 한다.

변형된 기법의 또 다른 장점은 사고의 틀을 깨는 질문들을 함
으로써 모두가 기존의 비즈니스 틀에서 빠져나와 새로운 기회
를 모색해 나갈 수 있다는 것이다. 혁신은 혼자만의 아이디어로
되는 것이 아니고, 결국에는 직원 모두가 혁신을 위해 답을 찾아
갈 수 있게 해야 하기 때문이다.

♦ '5Whys & 5Questions' 실전 방법

앞에서 말했듯 기업에서 '5Whys & 5Question'를 실천하기 위
해서는 직원 모두 참여하는 것이 바람직한데, 의견을 모으기 위

해서 팀원이 같이 모여 워크숍을 진행하는 것이 좋다. 여기서 팀 리더는 먼저 스스로 시뮬레이션을 해봐야 한다. 워크숍 진행을 도와줄 운영진이 있다면 이들과 함께 시뮬레이션을 하는 것도 추천한다. 팀 리더와 진행자들은 활발한 토론을 이어갈 수 있도록 촉진 역할의 질문과, 생각의 확장을 가능케 하는 질문들을 해야 하기 때문이다.

워크숍은 비즈니스 리프레임에 관련한 모든 부서가 참여해야 한다. 대부분의 사람들은 문제를 들춰내는 것을 싫어한다. 특히 자신이 속한 부서의 문제로 연결되면 방어적이 된다. 그렇지만 그 문제를 자기가 직접 이슈화하면 얘기가 달라진다. 소속된 부서에서도 이를 인지하고 있고, 이를 적극적으로 풀어 나가기를 원한다는 의미가 되므로 오히려 비즈니스 리프레임에 적극적인 참여자가 된다. 관련한 모든 부서가 참여해야 되는 이유는 각 부서에서도 내용을 알고 이후에 나온 실행 방안에 적극적인 참여자로 만들기 위함이다.

관련 부서 모두가 참여하는 워크숍은 물론 소그룹으로 나누어 진행하게 된다. 이때 같은 부서의 사람들이 같은 그룹이 되지 않게 분산시키고, 각각의 소그룹은 다양한 부서의 사람들로 구성한다. 소그룹으로 진행하는 이유는 개개인의 참여를 유도하여 최대한 다양한 의견을 나누고, 개개인의 의견이 비즈니스 리프레임에 중요한 역할을 하고 있음을 느끼게 하기 위함이다.

이상적인 그룹 크기는 5~7명이다. 교착 상태를 피하기 위해 홀수 멤버 수가 권장된다. 또한 5명 미만의 그룹은 작업을 처리하는 데 필요한 전문 지식의 폭이 부족할 수 있어 5~7명의 홀수의 그룹을 추천한다. 소그룹 활동 후에는 반드시 모든 그룹이 모여 각 그룹별 결과를 발표하는 시간이 필요하다. 자신이 속한 그룹의 내용이 참여자 모두에게 공유되었을 때 실제 공식적인 의견으로 전달되었다고 인식되기 때문이다. 워크숍이 끝난 후에는 발견한 'Whys'와 'Questions'를 모아보고, 사실 확인이 필요한 내용을 찾아보며, 탐색이 필요한 내용에 대한 리서치를 진행하면 된다.

비즈니스 리프레임의 시작은 문제의 본질을 파악하고 모두가 문제를 공감하는 데에서부터 시작된다. '5 Whys & 5 Questions' 기법을 활용해보고, 비즈니스 리프레임을 시작해 보기를 바란다.

거꾸로 일해라, 혁신은 두괄식이다

◆ 두괄식 사고와 미괄식 사고

문제의 본질을 기업 내에서 인지하였다면, 이제 잠시 문제를 한 켠에 두고 혁신의 사고를 해야 한다. 혁신의 사고를 두괄식과 미괄식 사고에 비교하여 설명할 수 있다. 두괄식 문단과 미괄식 문단에 대해서는 모두 친숙할 것이다.

두괄식 문단은 앞부분에 주제문이 위치하고, 중심 내용을 뒷받침하는 문장들이 이어지는 구성이다. 미괄식 문단은 반대로 중심 문장이 해당 문단의 끝에 오는 구성 방식이다. 여기에 '문단' 대신 '사고'를 대입하면 두괄식 사고는 초기에 결론을 가정하여 증거를 거꾸로 추론하는 방법이고, 미괄식 사고는 현재에서 시작하여 자료를 모으고 결론을 찾아가는 방식이다.

이 두 가지 사고방식을 영어로는 백워드 씽킹(backward thinking)과 포워드 씽킹(forward thinking)이라고도 한다. 하지만 영어의 포워드 씽킹과 백워드 씽킹은 여러 해석이 있고, 우리나라에 아직 적합한 명칭이 없어 나는 이를 미괄식 사고와 두괄식 사고로 설명하고자 한다.

나는 일을 잘하려면 미괄식 사고를 하고, 혁신을 하려면 두괄식 사고를 하라고 말한다.

애플의 스티브 잡스는 1997년 애플 개발자 컨퍼런스에서 "고객 경험에서 시작하여 기술로 거꾸로 작업해야 합니다!(You've got to start from the customer experience and work backwards with technology!)"라고 자신의 일하는 방식을 힘주어 설명했다. 두괄식 사고의 중요성을 잘 말해주고 있는 설명이다. 스티브 잡스도 말한 두괄식 사고(Backward Thinking : 백워드 씽킹)를 하기 위해서 알아 두어야 하는 3가지 비밀이 있다. 이 세 가지를 하나씩 살펴보기로 하자.

♦ 두괄식 사고의 비밀 1 : 가설을 수립하라

초기에 결론을 가정하는 두괄식 사고를 하기 위해서는 '가설(hypothesis)'을 수립해야 한다. 프로젝트 초기에 가설을 수립하는 사람과 가설 없이 프로젝트를 시작하는 사람은 프로젝트 과정에서도 차이가 난다. 과정에서 차이가 나므로 당연히 결과도 차이가 난다. 가설이 있으면 그 가설에 기반한 검증을 하는 리서치를 할 수 있지만, 가설이 없으면 허둥지둥 범위가 넓은 리서치를 하므로 결과적으로 '에지(edge)'가 있는, 날카롭게 허를 찌르는 전략을 짜기 힘들다.

프로젝트 초기라 함은 과제 기획 단계를 말한다. 프로젝트를 시작도 하기 전에 결론을 가정할 만한 가설을 수립하는 것은 말처럼 쉽지 않다. 산업에서 오랜 경험이 있고 통찰력 있는 전략가라면 가능할 수도 있을지 모르겠다. 초기 가설 수립에는 숨겨져 있는 비밀이 있다. 과제 기획 단계에서 기업의 현안, 경쟁사, 관련 산업 혁신적 사례, 고객 이해, 트렌드 등의 정보를 빠르게 학습하는 것이다. 이를 통해 최대한 정답에 가까운 가설을 만들려는 노력을 해야 한다.

나는 항상 프로젝트 구상과 동시에 기존 자료를 모으고 학습한다. 나에게 어떤 정보가 부족한지를 파악해 프로젝트 진행 시이를 어떻게 보충할지도 고려한다. 또한 기존에 유사 프로젝트가 있었는지를 알아보고, 왜 실패 또는 성공했는지를 파악한다. 유사 프로젝트를 파악하는 이유는 그 프로젝트가 완전한 성공이 아니었다면 왜 성공하지 못했는지를 알아야 똑같은 실패를 하지 않을 수 있기 때문이다. 과거 유사 프로젝트보다 차별화되고 혁신적인 안을 내기 위해서이다. 그래야만 비즈니스를 리프레임할 수 있다.

　앞서 소개한 정보뿐 아니라, 이와 더불어 인터넷 서치를 하거나 서적을 읽기도 한다. 이는 트렌드를 읽고 다른 기업의 비즈니스 케이스를 찾아보기 위함이다. 직접 자사와 경쟁사의 매장, 현장을 둘러보는 것도 잊지 말아야 한다. 또한 고객 인터뷰를 대신할 만한 주변 사람들을 상대로 짧은 인터뷰를 하기도 한다. 〈표8〉에서 가설 수립을 위한 자료의 유형을 볼 수 있다.

　이와 같이 정보를 초반에 모으고 학습하는 시간은 이른바 도움닫기에 해당한다. 멀리 뛰어 좋은 성과를 내기 위해서 꼭 필요한 시간이다. 하지만 가설 수립을 위한 시간이 길 필요는 없다. 길면 좋겠지만 2~4주 정도의 시간이면 된다. 비즈니스 리프레임을 하는 정도의 규모라면 4주가 필요할 수도 있다. 물론 이 기간은 과제 기획서를 쓰는 시간을 포함한 기간이다. 이와 같이 준비된 가설이 있어야 이후 진행되는 리서치를 효과적이고 효율적으로 설계를 할 수 있고, 앞서 언급한 '5Why & Questions' 워크숍, 미래를 그리는 트렌드 임팩트 워크숍, 아이디에이션 워크숍 등을 리드할 수 있다.

미래 파악	–	트렌드, 고객, 기술
현재 파악	현안, 유관 프로젝트, 고객 정보	경쟁사, 유관 산업 활동
과거 파악	과거 프로젝트	–
	내부 정보 기업 내에 존재하는 정보	외부 정보 현재 기업 내에 없는 정보

♦ 두괄식 사고의 비밀 2 : 가설을 믿지 마라

가설 수립에는 또 다른 숨겨진 비밀이 있다. 그것은 바로 가설을 정답이라고 믿지 말아야 한다는 점이다. 방금까지 최대한 정답에 가까운 가설을 만들라고 했는데, 갑자기 무슨 말인가 의아해할 수도 있다. 초기 가설을 정답에 최대한 가깝게 설정하려고 노력하되, 정답이라고 확신하지 말란 이야기다. 항상 미심쩍은 시선으로 가설에 대한 의구심을 가지고 있어야 한다.

가설 수립의 핵심은 가설을 발전시켜 더 에지 있는 전략을 구상할 수 있도록 여지를 두는 것이다. 가설을 발전시키기 위해서 나는 나선형 프로세스로 일한다. 그리고 마치 조각가가 되었다고 생각하고 일한다. 가설은 다양한 활동, 예를 들어, 고객 조사, 개발 검토, 내부 인터뷰 등 가설을 검증할 수 있는 활동의 반복을 통해 다듬어야 한다. 다음 〈표9〉에서와 같이 시작점은 동그라미였지만 끝점은 별 모양이 되어 있듯이, 정교화 작업을 거쳐

야 한다. 초기의 가설을 정답이라고 정해 놓고 끼워 맞추는 방식
은 기업을 변화시키는 비즈니스 리프레임이 될 수 없다.

○ 〈표9 나선형 프로세스로 검증해 나가는 가설〉

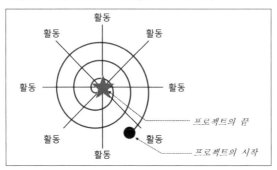

나선형 프로세스는 마치 형상을 지닌 찰흙(가설)으로부터 시작하여 다양한 조각칼로 이를 다듬고 색을 입혀(다양한 활동) 프로젝트를 실행한 끝에 멋진 조각(결과)으로 완성하는 것처럼 진행하는 방식을 말한다.

✦ 두괄식 사고의 비밀 3 : 고객 중심으로 결론을 써봐라

두괄식 사고의 세 번째 비밀은 고객 중심으로 생각하는 것이
다. 가설을 문장으로 작성해 보고, 그 문장이 고객 입장에서 봤
을 때 충분히 매력적인지를 숙고해봐야 한다. 그러기 위해서는
가설 문장을 잘 쓰여진 광고 문구와 같이 쓸 수 있어야 한다.

아마존도 두괄식 사고를 한다고 한다. 《거꾸로 일하라 아마존
인사이트(Working Backwards: Insights, Stories, and Secrets from Inside
Amazon)》(Colin Bryar / Bill Carr 지음, St. Martin's Press, 2021)에는 아마

존이 일을 시작하는 기획 단계에서 고객에게 보여줄 '보도자료' 형태의 문서를 작성한다고 소개되어 있다. 고객에게 보여줄 보도자료를 써본다는 의미는 고객에게 베네핏(benefit)이 있는 전략인지를 보기 위함이다. 보도자료 작성 예시를 검색해 보면 잘 정리된 보도자료 포맷들이 많이 있다. 그래서 여기서는 이를 별도로 다루지는 않겠다.

나는 가설 단계에서 보도자료 포맷에 맞게 전부를 작성해 보지는 않는다. 대신 가설 문장이 고객에게 매력적인지, 그래서 구매로 이어질 수 있는지를 스스로 계속 반문해 본다. 과제 기획 단계에서는 이 정도만으로도 충분하다.

고객 중심으로 생각하라는 것은 반은 맞고 반은 틀리다. 아마존에서 일하는 것이 아닌 이상 고객만을 염두해 둘 수는 없다. 아마존 내부에서는 모두 이 방식으로 일하는 것이 합의된 상태라 '보도자료' 형태로 보고할 수 있다. 그러나 그 외의 기업에서 일하는 사람이라면 또 다른 고객을 중심으로 생각해야 한다. 프로젝트의 또 다른 유형의 고객은 바로 내부 의사 결정자이다. 프로젝트를 진행할 때 항상 해당 프로젝트의 최고 의사 결정자(임원일 수도 있고 사장일 수도 있다)를 고객으로 염두에 두고 가설 수립을 해야 한다. 나의 위 상사가 아닌 최종 의사 결정자를 대상으로 나의 전략이 그를 설득할 만큼 새롭고 혁신적인지를 가늠해

봐야 한다. 비즈니스 리프레임은 전략에 머무는 것이 아니라 실행으로 옮겨져야 된다. 그러기 위해서는 전략을 실행으로 추진하도록 결정하고 지지해줄 수 있는 대상을 설득 가능해야 한다.

고객을 설득하기 위해 베네핏을 표현하는 문장을 작성해봤다고 하면, 내부 고객 설득을 위해서는 '현재(As-Is)'와 비즈니스 리프레임을 통해 변화한 모습인 '미래(To-Be)'로 대조해 기술해 보는 방법이 있다. 'As-Is'와 'To-Be'를 쓰는 것이 간단해 보일지 모르지만, 잘 쓰려면 '왜' 그렇게 변해야 되는지를 설득할 수 있어야 한다. 그리고 '어떻게'에 대한 구상도 어느 정도 있어야 한다.

이 책을 쓰는 현재도 나는 한 과제를 기획하고 있고, 베네핏 문장과, As-Is와 To-Be를 고민하고 있다. 생각하기와 노트에 작성해보기를 반복하면서 가설을 수립하고 있다. 지금의 가설은 실제 프로젝트를 하면서 더 견고해지고, 프로젝트 끝에는 모두를 설득할 수 있는 레벨의 완성도가 갖춰질 것이다. 독자 여러분도 두괄식 사고를 통해 뚜렷한 목표 없이 무턱대고 분석부터 해서 길을 잃지 않았으면 좋겠다.

미래를
보고 와라

♦ 미래를 보는 목적

두괄식 사고로 가설을 수립했다고 하면, 이제는 본격적으로 좀 더 선명하게 내가 만들고자 하는 이상적인 미래를 그려봐야 한다. 내가 만들고자 하는 미래는 어떤 점이 혁신적이고 고객에게 어떤 가치를 제공할 것인지 뚜렷하게 그려봐야 한다.

미래를 보려는 목적은 혁신성을 갖춘 비전을 구상하고 현실화하는 계획을 짜기 위함이다. 영국 서식스 교회 벽에는 유명한 격언이 새겨져 있다.

계획이 없는 비전은 그저 꿈일 뿐이다
(A vision without a plan is just a dream).
비전이 없는 계획은 그저 고된 일이다

(A plan without a vision is just drudgery).
하지만 계획이 있는 비전은 세상을 바꿀 수 있다
(But a vision with a plan can change the world).

    나는 이 문구가 왜 미래를 보고 와야 하는지를 잘 설명하고 있다고 생각한다. 여기서 말하는 비전은 기업의 비전만을 의미하는 것은 아니라 프로젝트의 비전, 개인의 비전을 모두 포괄하는 개념으로 해석해야 한다. 이 격언을 비전 공식으로 표현하면 다음과 같이 될 것이다.

> 비전 = 꿈 + 계획
> 기업, 프로젝트, 개인의 비전 =
> 미래 이상적인 모습 + 미래 모습을 달성하기 위한 계획

    비전을 만든다는 것은 미래를 모습을 그리고, 그 미래를 달성하기 위해 계획을 세워야 진정한 비전이 됨을 강조하고 있다. 대부분 비전 공식에서는 계획이 중요하다고 해석할 수 있지만, 나는 오히려 현실에서 자주 간과되고 있는 부분은 '꿈'이라고 생각한다. 일단 '꿈'이 있어야 '계획'을 짤 수 있으므로 '꿈'이 선행되어야 한다.

    꿈은 '1등이 된다', '매출 1위를 달성한다', '업계에서 잘 알려진 기업이 되고 싶다'가 아니다. 꿈은 미래의 모습이다. 그리고 그

미래 모습을 보고 고객들도 기대에 찰 수 있어야 한다. 비즈니스를 얘기하면서 꿈을 다룬다는 것이 생소할 수 있겠지만, 비즈니스를 리프레임하려면 미래를 그려보는 일이 더욱 필요하다.

외국 컨설팅 업체나, 유명한 비즈니스 혁신 구루(guru)들을 인터뷰해 보면 우리나라 기업은 비전을 제시해야 된다는 조언을 자주 듣곤 한다. 분명 기업 홈페이지에 가면 비전 선언문도 있고 주요 전시회, 컨퍼런스 등에서 미래 비전을 발표하기도 하지만, 비전으로 인식되고 있지 않다는 의미이다. 비전 선언문은 있지만, 그 선언문에서 미래상을 떠올리기 힘들기 때문이다.

기업을 운영하면, 또는 프로젝트를 진행하다 보면 당장 해결해야 하는 생존의 업무도 많은데, 그럴 여유가 없다라고 할 수도 있지만, 미래를 보는 일을 하지 않으면 미래가 없을 수도 있다.

혁신을 목표로 하는 업무는 특히 미래를 보는 것이 중요하다. 업무는 현재 하고 있지만 혁신 상품을 개발해서 시장에 출시하고, 자리 잡는 데까지 2년, 3년, 길게는 5년이 걸리기도 한다. 산업마다 미래를 보는 시점이 다를 수는 있다. 도시 계획, 에너지 관련업 등 기획에서 개발까지 오랜 시간이 걸리는 산업은 10년, 20년의 미래를 봐야 할 수도 있다. 올해만 사업을 하고 끝낼 것이 아니면 누구나 미래를 그려봐야 한다.

미래를 봐야 하는 또 다른 이유는 앞으로 성장할 기회를 남들보다 먼저 봐야 하기 때문이다. 모든 프로젝트에서 미래를 볼 필요는 없겠지만, 혁신적인 비즈니스 리프레임을 하고자 한다면 미래를 보는 일을 하지 않으면 안 된다.

♦ 미래를 그리는 단계 1: 메가트렌드를 파악하라

나는 미래를 그린다고 표현하는 것을 선호한다. 기업 내 직원이든 고객이든, 누구나 같은 그림을 떠올릴 수 있도록 구체적이고 가시적으로 표현해야 하기 때문이다. 미래 그리기를 위한 첫번째 단계는 트렌드를 파악하는 것이다.

우리나라의 기업이나 개인들은 트렌드에 관심이 많다. 교보문고에서 '트렌드'를 키워드로 검색해보면 1만여 권의 서적 리스트가 나온다. 이런 책들은 미래를 그리는 밑바탕이 되는 정보이다. 하지만 트렌드 서적을 읽고, 트렌드를 아는 것만으로 미래를 그릴 수는 없다. 미래를 그리기 위해서는 정보를 해석하고 여기에 상상을 더해야 한다.

얼마나 먼 미래를 그리고 싶은지에 따라 어떤 트렌드를 볼지가 달라진다. 비즈니스를 리프레임하기 위해서는 중장기적으로 영향력이 지속되는 메가트렌드(Megatrend)를 중심으로 봐야 한다. 사전적 의미의 메가트렌드는 현대 사회에서 일어나는 거대한 시대적 흐름을 가리킨다. 예로는 우리나라의 인구 감소, 저출산과 고령화 같은 트렌드가 있겠다. 하지만 나는 메가트렌드에서 중요한 점은 '거대한'보다 '시대적 흐름'에 중점을 두라고 충고하고 싶다.

메가트렌드를 보는 목적은 시대에 따라 바뀌는 현상들을 간파하기 위함이다. 현상만 보다가 수많은 작은 트렌드 속을 헤매지 말아야 한다. 반대로 메가트렌드의 틀에 너무 얽매여 거대한 트렌드를 찾는 데에만 열중하기보다 나에게 의미 있는 지속될 만한 트렌드를 파악해보자. 나에게 의미 있는 메가트렌드를 찾아 미래를 그리는 방법을 이어서 설명하고자 한다.

◆ 미래를 그리는 단계2 : PESTE를 통한 임팩트를 파악하라

트렌드 분석 시에는 전반적인 사회 변화를 놓치지 않고 살피기 위해서 PESTE 분석을 많이 쓴다. 우리나라에서는 PESTE를 비즈니스 거시환경 분석으로 많이 쓰지만, 미래를 보기 위해 PESTE 분석을 쓸 수도 있다. PESTE 분석은 '정치적(Political), 경제적(Economic), 사회적(Sociological), 기술적(Technological), 환경적(Environmental)'의 약자로 각 항목에 해당하는 메가트렌드를 찾으면 된다.

예를 들면, 저출산과 고령화는 사회적 항목에 속하는 메가트렌드이고, 메타버스나 사물인터넷 등은 기술적 항목에 속한다.

미래를 그리기 위해서 메가트렌드를 모으는 데에 그치는 것이 아니라 그 메가트렌드가 야기하는 임팩트(Impact)를 파악해야 한다. 하나의 트렌드 임팩트는 또 다른 임팩트을 야기할 수도 있다. 임팩트 레벨 1, 2, 3 등으로 세부 변화로 분석의 깊이를 더해갈 수 있다.

이 분석을 함으로써 메가트렌드가 비즈니스에 어떤 영향을 줄지를 예측할 수 있다. 단순히 인구 감소, 저출산, 고령화 레벨의 정보에 그쳐 어떠한 변화를 야기할지에 대한 고민을 안 해본다면 비즈니스에 미칠 위험과 새로운 기회를 놓쳐버리게 된다. 이 활동은 혼자 할 수도 있고 그룹으로 할 수도 있다. 또한 전문가들에게 메가트렌드의 임팩트에 대한 자문을 구해서 도출할 수도 있다.

◆ 미래를 그리는 단계3 : HMW를 활용해 미래를 상상하라

메가트렌드의 영향으로 파생될 수 있는 임팩트를 분석해봤다면 그 다음은 미래를 꿈꿔보는 상상의 단계이다. 나는 이 단계에서 HMW(How Might We) 기법을 사용해보는 것을 추천한다.

HMW 기법은 워렌 버거(Warren Berger)가 《하버드비즈니스리뷰》에 기고한 '최고 혁신가들이 쓰는 비밀 문장(The Secret Phase Top Innovators Use)' 기사로 소개되기도 한 기법으로, 구글, 페이스북, IDEO 등에서 프로젝트를 시작할 때 적용하는 창의적 사고를 유도하는 방법이다.

HMW의 핵심은 미래 상상의 초기 아이디어를 비즈니스적인 판단을 통해 싹을 자르는 오류를 범하지 않는 것이다. 질문에 'should(해야 할까)'나 'can(할 수 있을까)'을 사용하지 않고 'might(해볼까)'라는 단어를 사용하는 이유가 여기에 있다. 이 단계는 비즈니스를 구체화하는 단계가 아니어서 상상의 폭을 넓혀야 한다. 미리부터 '~무엇을 하자' 또는 '~하지 말자'고 단정하지 않아야 한다. 〈표10〉에 메가트렌드 파악, 임팩트 분석, HMW 기법을 활용한 미래 그리기 예시를 테마 파크 사례로 적어 놓았다.

미래 상상 단계는 기업 내에서 진행할 수도 있고, 창의적인 상상을 잘 할 수 있는 학교에 산학 프로그램을 활용할 수도 있으며, 디자인 컨설팅에 의뢰하여 아이디에이션을 같이 할 수도 있다.

⊙ 〈표10 테마 파크 예시로 본 미래 그리기〉

메가트렌드	트렌드 임팩트 (레벨 1) 메가트렌드가 야기하는 변화	트렌드 임팩트 (레벨 2) 임팩트 레벨 1이 야기하는 세부 변화	HMW 미래 상상 메가트렌드와 임팩트를 기반한 비즈니스 가능성과 기회
인구 감소, 저출산 및 고령화	가족의 유형이 다각화. 아이 없는 가족, 아이 하나인 가족 등	DINK(Dual Income with No Kid)의 증가	DINK가 와서 즐길 수 있는 레스토랑, 공연
		하나밖에 없는 아이에게 더 많은, 더 즐거운 추억을 만들어주고자 한다.	아이와 추억을 만들 수 있는 체험형 놀이
	여유로운 시니어 증가	젊은 층 못지않게 여가를 즐기고자 하는 시니어 증가	시니어도 방문해서 즐길 수 있는 곳으로 변화. 이를 위한 편의시설을 늘린다.
	펫을 키우는 인구의 증가	펫을 가족처럼 여기고 함께하고자 한다.	펫과 함께 놀 수 있는 공간을 제공하고 걱정 없이 즐길 수 있도록 펫 호텔 운영
[도출 방법] • 서적 • 인터넷 서치 • 전문가 인터뷰	[도출 방법] • 서적 • 인터넷 서치 • 내부 워크숍 • 전문가 인터뷰		[도출 방법] • 내부 워크숍 • 산학 • 디자인 컨설팅

◆ 미래를 그리기 위한 퍼즐을 만들어 두어라

앞 표에 기술되어 있는 상상으로 도출한 아이디어들은 미래를 구상하기 위한 퍼즐의 조각들이다. 모든 조각을 사용할지 일부만 사용할지는 아직 모르는 매우 초기 단계이다. 상상한 아이디어들을 모아 미래의 가능성을 펼치고 이상적인 미래상을 그리기 위한 밑그림이다. 이 밑그림을 바탕으로 미래의 구체적인 모습을 기술해보고 가시화해 볼 수도 있다. 상상한 아이디어들을 모아보고, 이중 실현 가능한 것, 투자 가치가 있다고 생각하는 것 등을 여과 과정을 거쳐 선택할 수 있다. 바로 구현이 힘들고, 투자가 힘들다면 로드맵으로 연도별 목표로 만들어 볼 수도 있다.

나는 비전을 만드는 프로젝트 시에 여러 접근을 하지만 어떤 형태로든 가시화를 한다. 영상으로 만들 수도 있고 만화 형태의 스케치일 수도 있으며, 이미지가 있는 프레젠테이션일 수도 있다. 가시화해야 내가 그린 미래 모습을 다른 사람들에게 이해시킬 수 있다. 말로 하거나 텍스트로 전달하는 경우 대부분 각자 자기만의 상상을 하게 된다. 가시화된 미래를 통해 우리가 가려는 미래는 여기이고 이를 위해 우리는 지금 이 활동을 해야 한다는 주장을 펼친다. 미래를 충분히 상상해보고 현실을 대응해야 내가 하고 있는 비즈니스가 이대로 괜찮은 것인지, 새로운 기회를 모색해야 되는지, 어떤 시대 흐름에 편승하여 비즈니스를 할지를 대비할 수 있다.

카피하기 어려운, 기업만의 비즈니스 콘셉트를 설계하라

◆ 반드시 최초일 필요는 없다

카피하기 어려운 비즈니스 콘셉트를 설계하는 것은 어려운 일이다. 교보문고에서 '혁신'을 검색하면 7,500권 이상이, '이노베이션'을 검색하면 무려 13,300권가량이 나올 정도로 '혁신'은 많은 기업들에게 해결해야만 하는 큰 과제임이 틀림없다. 이처럼 많은 서적들에서 혁신적인 기업을 얘기하고 있지만, 현실에서 카피하기 어려운 혁신적인 비즈니스 콘셉트를 만드는 일은 말처럼 쉽지 않다.

'카피하기 어려운 기업'하면 떠오르는 대표적인 기업으로는 스타벅스, 나이키, 테슬라, 애플 등을 꼽을 수 있을 것이다. 물론 혁신적인 콘셉트를 가진 기업은 이들 말고도 많지만, 일반적으로 많은 사람들이 꼽는 기업으로 이 4개를 들어도 크게 무리는 없으리라 생각한다.

이들 4개 기업엔 공통점이 있다. 팔고 있는 상품을 봤을 때 이들은 모두 자신들이 속한 산업 분야에서 '최초'가 아니었다는 점이다. 기업을 시작했을 때 이미 쟁쟁한 경쟁사가 있었다. 그러나 우리는 지금 이들을 업계에서 가장 먼저 떠올리고, 혁신적이라고 인정한다. 혁신적인 비즈니스는 꼭 최초일 필요는 없다. 그들이 어떻게 카피하기 어려운 비즈니스 콘셉트를 설계하였는지 살펴보고자 한다.

◆ 차별화된 비즈니스 콘셉트는 기업 내부에서 찾아라

성공한 기업을 벤치마킹해서 그 기업의 사례를 그대로 적용해봐도 결국 그 브랜드만큼 혁신하기 어렵다. 벤치마킹을 통한 혁신은 거의 불가능한 일일지도 모른다.

내가 생각하는 차별화된 비즈니스 콘셉트 설계의 핵심은 남이 가지고 있지 않은 나만의 강점을 찾는 것이다. 그렇다 보니, 벤치마킹이 실효를 발휘하기 어려운 것이다.

외부 컨설팅 회사에 컨설팅 프로젝트를 의뢰해 보면 대부분 해당 기업의 장점보다 단점을 지적하는 일로 시작한다. 장점에 집중하기보다 단점 보완에 집중하는 경우가 많은 것이다. 비즈니스 리프레임에 있어서 중요한 것은 단점이 아니라 오히려 장점에 있다. 카피하기 어려운 나만의 비즈니스 설계를 하기 위해서는 고객이 무엇을 원하는지와 함께(이 주제에 대해서는 다음 장에서 다룰 것이다) 나만의 장점을 발견(discovery)하는 것이 중요하다. 나만의 장점 위에 비즈니스 콘셉트를 입혀야 다른 기업이 따라 하기 힘든 비즈니스 콘셉트를 만들 수 있다. 그래서 나는 '발견'이라는 단어를 사용한다.

대부분의 기업들은 저마다 충분한 차별적 장점이 있기 마련이다. 다만 이를 찾아내고 육성하지 않았거나 제대로 고객에게 알리지 않았을 뿐이지 없는 것은 아니라고 생각한다. 하지만 나만의 장점이 취약하다면 이를 '육성'해서 차별점을 더욱 도드라지게 만들어야 한다. 자기만의 장점은 핵심 역량(core competency)만이 아니라 기업 문화, 경영 철학과 비전일 수도 있고, 업의 개념이 될 수도 있다. 지금까지는 마케팅 4P, 즉 '가격(Price), 상품(Product), 홍보(Promotion), 유통(Place)'을 중심으로 경쟁력을 키웠다면, 이제는 이것만으로는 부족하다. 4P가 경쟁사보다 뛰어나야지만 잘 팔리는가? 그렇지 않다. 4P 요소가 경쟁사보다 우월하지 않아도 꾸준히 잘 팔리고, 꾸준히 성장하는 회사도 많이 있다.

예로 든 위의 4개 회사는 모두 그 당시 시장을 리드하는 기업보다 한참 늦게 시작했다. 나이키는 아디다스보다 40년이나 늦게 시작했다. 4P 중 무엇 하나 경쟁사보다 뛰어나다고 얘기할 수 없었다. 그런데 현재 나이키의 위상은 아디다스보다 높다. 인터브랜드가 매년 실시하는 베스트 글로벌 브랜드 평가에서 2022년 나이키는 10위, 그리고 아디다스는 42위를 차지했다. 4개 기업 각각의 성공 스토리를 보면서 어떤 장점 위에 어떤 비즈니스 콘셉트를 입혀 각자의 분야에서 대표적인 기업으로 자리를 잡았는지 살펴보겠다.

◆ 나이키, 도전 정신을 팔다

나이키는 어떤 과정을 거쳐 세계 1위의 스포츠웨어 브랜드가 되었을까? 나이키의 차별점은 운동선수들이 좋은 기록을 낼 수 있는 운동화를 창의적인 솔루션으로 연구, 개발하는 것이다. 나이키 초기 성공을 이끈 제품은 와플 모양의 밑창으로 만들어진 운동화이다. 실제 나이키의 와플 모양 밑창은 공동 설립가인 빌 바우어만(Bill Bowerman)이 아내가 와플 틀로 와플을 굽는 것을 보고 착안해 내놓은 아이디어다. 그 아이디어는 결국 와플 트레이너 운동화(1974)로 실현되어 메가히트를 기록했다. 빌 바우어만의 와플 밑창은 우연이 아니었다. 그는 운동화에 관심이 많은 미국 최고의 육상 코치였다. 운동화를 가볍고 편하게 만들면 기록이 좋아진다고 믿고, 끊임없이 운동선수들의 운동화를 개조해 본 다음 착용해 보기를 반복했던 인물이다. 한 일화에서는 가벼운 운동화를 위해 대구 껍질을 사용해보기도 했다고 한다. 항상 관심을 가지고 실험하기에 빠져있었기 때문에 다른 사람이 발견하지 못한 혁신을 일상에서 발견해 낸 것이다.

공동 설립가 필 나이트(Phil Knight)는 운동화를 좋아하는 경영학도였고, 그 역시도 대학교 육상 선수였다. 그는 본인 스스로를 '슈독(Shoe Dog: 신발에 미친 사람)'이라고 부른다. 필 나이트는 학창 시절, 일본 카메라가 독일 카메라를 밀어냈듯, 일본 러닝화도 아디다스를 밀어낼 것이라고 예상한다. 이때 오니츠카 타이거(우리나라에서는 '아식스'로 더 많이 알려진) 신발을 보고는 그의 예상을 더욱 확신했다.

필 나이트는 일본 브랜드가 미래 신발 시장의 판도를 바꿀 것이라 확신하고는 오니츠카 타이거 일본 본사를 찾아간다. 그리고는 자신을 '블루리본 스포츠'에서 왔다고 소개하며 오니츠카 타이거의 미국 서부 유통 계약을 따냈다. 여기서 재미있는 것은, 이때 필 나이츠는 '블루리본 스포츠'를 설립하지도 않은 상태였다는 점이다. 그는 그저 자기 마음속의 계획을 현실인 것처럼 소개해 유통 계약을 따낸 것이다. 그렇게 필 나이트와 빌 바우어만은 유통 업체로 사업을 시작했다가 이후 자체 브랜드를 제작해서 판매하기로 하면서 나이키가 탄생하게 되었다.

스타 마케팅을 잘하는 것으로도 유명한 나이키의 시작은 다른 사람들에게는 무모하리만큼 큰 도전이었다. 지금까지도 가장 성공적인 스타 마케팅으로 손꼽히기도 하는 마이클 조던(Michael

Jordan)과의 계약은 조던이 프로 데뷔 전에, 그것도 그 당시 잘 나가는 운동선수보다도 5배가량 높은 50만 달러라는 거액으로 5년간 후원하는 계약을 했다. 그리고는 흰색 운동화만 신어야 했던 NBA 룰을 깨고 과감하게 레드 컬러의 '마이클 에어 조던(Air Jordan)'을 출시해 큰 성공을 거뒀다. 나이키는 타이거 우즈와도 예상을 뒤엎는 계약을 한다. 백인만의 운동으로 알려진 골프에 흑인인 타이거 우즈를, 그것도 아마추어 시절에 5년간 4천만 달러로 후원 계약을 했다.

이와 같은 일화에서 나이키의 'Just Do It'에 나타나고 있는 도전과 모험의 정신이 잘 드러난다. 나이트와 바우어만이 '도전'이라는 자신의 장점을 잘 알지 못했다면 'Just Do It'이 나올 수 있었을까? 또한 'Just Do It'이 단순히 마케팅 슬로건으로 존재하고 실제 기업의 활동 어디에도 'Just Do It'이 느껴지지 않는다면 고객이 이를 혁신적인 슬로건이라고 인정해줬을까? 나이키 성공의 핵심은 그들의 기업 문화에 녹여져 있는 도전 정신에 있고 나이키는 이를 바탕으로 혁신적인 아이디어들을 실행한 것이다.

◆ 스타벅스, 문화를 팔다

스타벅스는 나이키와는 또 다른 유형의 차별점으로 업계에서 성공한 사례다. 많은 사람들이 알고 있는 바와 같이 스타벅스는 '제3의 공간'을 제공한다는 비전을 가지고 있다. 집, 회사 이외에 고객이 머물 수 있는 공간을 추구한다는 의미이다. 비즈니스 콘셉트를 간결하게 설명하기 위해 '제3의 공간'이라고 표현하고 있지만, 차별화된 비즈니스 콘셉트를 설명하기 위해서는 조금 더 상세한 설명이 필요하다. 바로 '제3의 공간에서 사람들과 대화하며 영감을 받을 수 있는 곳'을 만들겠다는, 새로운 커피 문화를 만들겠다는 비전 위에 비즈니스 콘셉트를 입힌 것이다.

스타벅스의 사장인 하워드 슐츠(Howard Schultz)는 1983년 이탈리아 출장에서 이탈리아만의 커피 문화를 보게 된다. 어디에 가든 에스프레소 바가 있고, 지역 주민들이 그곳에 모여 시간을 보내고 있었다. 여기에서 큰 영감을 얻은 하워드 슐츠는 이후 단순히 커피를 마시는 공간이 아닌, 사람들과 대화를 나누고 영감을 받을 수 있는 카페 공간을 미국에 만들기로 한다. 대화와 소통의 장을 만들기 위해 에스프레소 기계를 없애고, 바리스타가 직접 커피 내리는 모습을 고객이 보면서 자연스럽게 소통할 수 있도록 했다.

소통을 위해 스타벅스는 아직까지 우리가 흔히 볼 수 있는 진동 벨을 도입하지도 않는다. 직접 고객의 이름을 부르고 커피를 직원이 건네면서 자연스러운 소통을 유도하기 위함이다. 스타벅스는 매장 위치도 매우 까다롭게 선정한다. 철저하게 지역 사회를 분석해서 지역 사람들이 제3의 공간을 방문하고, 혼자서든 친구와 함께든 편안함을 느끼며, 머무는 동안 영감을 얻을 수 있는 위치를 선정한다. 또한 다양한 활동을 할 수 있도록 여러 유형의 테이블과 의자를 배치하고 있다. 어떤 테이블은 여럿이서 토의하기에 편하게, 또 어떤 테이블은 혼자서 창밖을 보면서 있기 편하게, 어떤 테이블은 노트북을 꺼내 일을 하기 편하게 등으로 말이다.

항상 번화가에만 스타벅스가 있는 것은 아니다. 슐츠 회장은 1998년 매직 존슨 엔터프라이즈 회장(전설적인 농구선수 매직 존슨의 회사이다)과 협력해 '도시 커피 공동체(Urban Coffee Opportunities, UCO)'를 설립한 후 미국 내 우범 지역에 스타벅스 매장을 세우기 시작했고, 그 결과 2022년 현재 미국에는 100개가 넘는 매장이 우범 지역에 위치해 있다. 또한 스타벅스는 2016년에는 수화로 대화가 가능한 '사이닝 스토어(Signing store)'를 처음 말레이시아에 열었고, 2022년을 기준으로 전 세계 11개의 스토어를 가지고 있다.

여기에서도 스타벅스의 비즈니스 콘셉트가 드러난다. 그들은 누구와도 소통할 수 있는 공간을 끊임없이 추구하며 차별점을 더욱 공고히 하고 있다. 물론 커피 맛의 품질이 떨어졌다면 이만큼 성공하지 못했겠지만, 제3의 공간에서 사람들과 영감을 나누는 문화를 만들겠다는 비전이 없었더라면 미국 내에서 맛 좋은 커피 집으로 끝났을 것이다. 또한 스타벅스가 제3의 공간만을 추구하는 비전을 가지고 공간 차별화만 신경썼다면 그 지역

수많은 경쟁자들 사이에서 트렌디한 카페로 잠깐 관심을 끌다가 시들해졌을 것이다.

공간 자체는 카피가 쉽다. 사람들과 영감을 나눈다는 콘셉트 하에 가시적이고 구체적인 요소들, 즉 바리스타가 직접 커피를 내리는 모습, 고객 이름을 불러 커피를 전달, 다양한 활동을 위한 테이블과 의자, 소통을 위한 카페 배치 등을 적용하여 새로운 커피 문화를 만드는 데 힘을 썼기에 쉽게 카피하기 어려운 비즈니스 콘셉트를 만들어낼 수 있었던 것이다.

♦ 테슬라, 미래를 팔다

테슬라는 미래 에너지 고갈 문제를 해결할 목적으로 설립되었다. 일론 머스크(Elon Musk)가 최초의 설립자는 아니다. 2명의 최초 창업가가 있었지만 일론 머스크는 테슬라에 650만 달러를 투자하면서 최대 주주이자 회장에 올랐다. 일론 머스크는 그 당시 이미 연쇄적인 창업의 성공으로 혁신의 대명사로 불렸다. 미래를 현실로 만들어내겠다는 일론 머스크의 행보는 1995년부터 시작된다. 1995년에 지역 정보 제공 시스템 'Zip2'를, 1999년엔 페이팔(PayPal)의 전신이 된 X.com을 설립하였다. 2022년에는 이베이에 페이팔을 매각하고, 이후 민간 우주항공기업 '스페이스X'를 설립하였다.

그가 선보인 첫 전기차는 2008년 출시된 전기 스포츠카인 로

드스터이다. 연이어 바로 그해 6월 히트를 몰고 온 전기 세단인 모델S를 공개하였다. 처음 발표 후 4년이 지난 2012년 11월, 이 제품이 실제로 출시되었다. 모델S가 시장에 나오자마자 그야말로 돌풍이 불었다. '컨슈머리포트'는 모델S를 만점에 가까운 차량으로 평가했고, '모터트렌드(MotorTrend)'는 이 제품을 '올해의 차'로 선정했다.

모델S를 출시한 직후, 긴 역사와 강력한 브랜드파워를 가진 기업들 사이에서 테슬라는 '혁신의 아이콘'으로 자리 잡았다. 기존 자동차 제조사가 '전통'을 강점으로 비즈니스를 했다면, 테슬라는 '미래'를 만들어가는 기업으로 자리 잡았다. 테슬라만의 새로운 프레임을 만들어 낸 것이다. 그 당시 전기차는 작고 효율을 강조한 친환경 이미지를 가지고 있었지만, 테슬라는 이를 모두 뒤엎고 세련된 디자인과 스마트폰처럼 손쉽게 소프트웨어를 업데이트할 수 있는 미래 차로 포지셔닝했다. 미래를 파는 기업 답게 테슬라는 주문생산을 원칙으로 온라인 사전 예약제로 판매하고 있다.

많은 혁신 요소들이 있지만 테슬라의 차별화의 중심은 자동차를 '미래'로 포지셔닝한 것에 있다. 일론 머스크 자신의 미래에 대한 신념과 '미래'로 포지셔닝한 전기차 콘셉트가 있었기에 이전 전기차와 확연히 다른 디자인, 무선 소프트웨어 업데이트, 구매 방식 등의 혁신을 성공시킬 수 있었다.

◆ 상품을 팔지 말고 상품 외의 것을 팔아라

나이키, 스타벅스, 테슬라의 기업 사례에서 얘기하고자 하는 '카피하기 힘든 비즈니스 콘셉트'를 만들기 위한 또 다른 핵심은 상품을 팔지 말고 상품 외의 것을 팔아야 한다는 것이다. 상품 외의 것이 경험이나 서비스를 의미하는 것은 아니다.

운동화, 커피, 전기차와 같은 제품의 콘셉트를 차별화하고, 스펙을 차별화하는 데에만 급급하면 아마 그 비즈니스는 제품 판매와 가격 경쟁이라는 프레임에 갇힐 것이다. 이를테면 유형(有形)의 상품이나 공간만으로 차별화한다면 지금 당장은 차별화되었다고 느껴질 수는 있겠지만 지속성을 갖기 힘들다. 유형의 것들은 금방 경쟁사가 카피하게 될 것이기 때문이다. 따라서 상품 외의 것인, 상품보다 상위 개념인 도전 정신, 커피 문화, 미래와 같은 무형(無形)의 가치를 판매해야 한다. 하지만 무형의 가치만으로 그친다면 그 역시 차별화로 이어지기 힘들 것이다. 무형의 가치만으로는 고객이 체감하고 공감할 수 없기 때문이다.

따라서 카피하기 어려운 그 기업만의 비즈니스 콘셉트를 만드는 방법은 '무형의 가치를 유형화하는 것'이 되어야 한다.(〈표 11〉 참고) 무형의 가치에 맞는 상품과 서비스, 공간, 공간 내의 구성품, 기술 등을 적용하고 이를 지속할 수 있도록 기업 문화와 직원 교육 프로그램, 운영 시스템을 만들어 견고하게 다지는 일, 그것만이 유니크하고 남들이 따라 하기 어려운 유일한 비즈니스 콘셉트가 될 수 있다. 〈표12〉의 나이키, 스타벅스, 테슬라의 사례를 다이어그램으로 한눈에 볼 수 있다.

○ 〈표11 가치를 파는 기업의 구성 요소〉

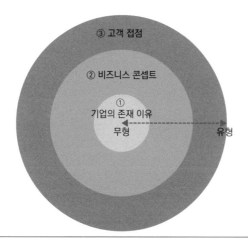

① 기업의 존재 이유
• 기업이 비즈니스를 하는 목적이기도 하다
• 무형의 가치 (예 : 기업의 신념, 비전 등)
② 비즈니스 콘셉트
• 기업의 존재 이유를 비즈니스로 구현하는 콘셉트
③ 고객 접점
• 상품, 서비스, 기업의 다양한 활동 등 고객이 보거나 느끼고 경험할 수 있는 유형의 모든 것들이다.

이 다이어그램은 기업의 존재 이유와 비즈니스 콘셉트 그리고 고객 접점에 있는 유형의 제품, 서비스나 기업이 하는 활동이 모두 일치되어야 한다는 것을 보여준다. 아래 3개 기업의 고객 접점에 모든 것을 다 담은 것은 아니다.

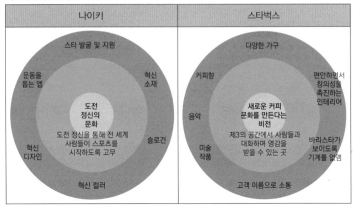

중요한 것은 그 무형의 가치는 나이키, 스타벅스, 테슬라의 사례에서와 같이 기업 내부에 기업 문화, 창업자의 비전, 신념 등으로 존재해야 한다는 점이다. 나는 대부분 무형의 가치는 기업

내부에 있고 이를 발견하지 못했거나, 아니면 있으나 덜 다듬어졌다고 생각한다. 신생 기업조차도 창업자 자신에게 답이 있다. 단지 아직 발견하지 못 했거나 발견해 가고 있는 중일 것이다. 각 기업의 비즈니스 성공 여부는 그 답을 얼마나 빨리 찾는가에 달려 있다.

상품 판매자가
되지 마라

◆ 셀러가 아닌 서포터가 되라

지금까지 경영학과 마케팅에서는 어떻게 팔리는 상품을 만들어 제공할지에 대한 고민을 해왔다. 그러나 요즘 고객들은 상품을 팔려고 하면 오히려 거부감을 느낀다. 몇 주 전, 사용자 조사차 인터뷰를 진행하는 현장에 갔다 왔다. 인터뷰를 진행하는 동안 제품과 서비스의 좋은 점, 불편한 점 등 다양한 얘기가 오갔다. 그 중에서도 나에게 인상 깊게 남은 한 고객의 답변이 있었다. 사용 팁을 알려주는 기능에 대해 물어보았을 때 고객은 이렇게 답했다.

"제가 가지고 있지 않은 제품의 팁을 보여주면 저더러 이 제품을 사라고 하는 것 같아서 기분이 좋지는 않아요."

일부러 친절하게 돌려서 말하려고 노력한 모습이 역력했다. 우리의 의도는 이런 것도 해볼 수 있다는 사실을 사용자에게 알려주려고 한 것인데, 고객은 그렇게 받아들이지 않은 것이다.

시대는 변했고 고객들이 원하는 모든 상품은 인터넷을 통해 쉽게 정보를 얻을 수 있게 되었다. 고객은 인터넷으로 파악한 정보를 가지고 본인이 원하는 것이 무엇인지 잘 알고 있고 이를 기준으로 여기에 부합하는 상품을 원할 뿐이다. 기업이 팔기 위해 '호객 행위'를 하는 듯 느끼게 하면 강요처럼 받아들이거나 거부감을 느끼는 것이다. 그렇다면 어떻게 고객이 '갖고 싶은' 상품을 만들 수 있을까? 몇몇 사례를 통해 이 문제를 살펴보고자 한다.

고객이 갖고 싶은 상품을 만들기 위해서 기업은 자신을 판매자(Seller)로 포지셔닝하는 것이 아니라 고객을 도와주는 '서포터(supporter)'가 되어야 된다. 이를 위해, 지금까지 유명한 기업 사례들을 예시로 든 것과 달리 여기서는 벤처기업, 스타트업을 사례를 들어 설명하고자 한다.

♦ 꿈을 이루도록 도와주는 모트모트

'모트모트(MoteMote)'는 문구류를 판매하는 우리나라 중소기업이다. 아날로그와 디지털 플래너를 포함한 각종 필기구, 메모지, 스티커 등을 팔고 있다. 그러나 이 기업은 실제로는 문구류보다 더 큰 의미를 가진 무엇인가를 고객에게 지원해주고 있다. 모트모트는 '꿈이 이루어지는 특별한 주문'을 슬로건으로, 고객이 목표한 바를 달성할 수 있도록 도와주는 역할을 하고 있다.

모트모트는 '공부 좀 한다'라는 사람들의 '필구템(필수 문구 아이템)'이다. 모트모트에서 만든 '텐미닛 플래너(10 minute planner)'로도 유명하다. 텐미닛 플래너는 10분 단위로 할 일을 계획할 수 있다. 플래너 구성은 큰 목표를 달성하기 위한 세부 계획을 세우고 그에 맞는 시간 계획을 짜게 되어 있다. 이와 함께 플래너를 꾸미면서 자신의 계획을 독려할 수 있는 센스 있는 스티커들, 공부에 필요한 펜과 타이머 등 제품 자체도 공부를 하겠다고 다짐한 사람들의 니즈를 세밀하게 관찰하여 상품화시켰다.

그러나 이 회사가 플래너 판매업자가 아니라 '목표를 달성하게 도와주는 서포터'로 느껴지는 것은 문구류와 함께 '로켓단'이라는 온라인 스터디 그룹, '모트모트TV'라는 온라인 독서실 등을 운영하고 있기 때문이다. 로켓단은 지원을 통해 선정하게 되는데, 그룹 중 한 명이 '로켓단장'이 되어 지치지 않고 계획대로 실천해 나갈 수 있도록 출석체크, 미션을 제시해주는 등의 스터디 매니저 역할을 하며 동기부여를 해준다. 성실히 계획을 완수한 사람들 중 선정하여 '명예의 전당'에 올라 갈 수도 있다. 이렇듯 모트모트는 시간을 잘 활용해서 학교 시험, 각종 자격증 시험, 입사 등을 목표하는 사람들의 꿈을 달성할 수 있도록 도와주는 역할을 하고 있다.

모트모트 TV에서는 유튜브를 통해 정해진 시간에 같이 공부하는 모트 독서실을 운영하고 있다. 이와 함께, 공부 백색소음, 집중을 도와주는 음악, 잠이 깨는 음악 등도 제공한다. SNS에서는 모트모트를 사용하여 공부한 노하우가 담긴 기록들이 많이 공유되고 있다. 〈중앙일보〉에 실린 기사에 따르면 모트모트는 연평균 100만 권 이상의 플래너·노트 등을 팔고 있고, 22년 11월 기준 팔로워가 유튜브 약 18만 명(2023년 7월 기준 약 25만 명), 인스타그램 약 17만 명(2023년 7월 기준 18.5만 명)으로, Z세대의 지지를 받고 있다. ("연간 100만 권 팔리는 문구 브랜드…Z세대 사로잡은 비결은?", 〈중앙일보〉, 2022.03.10.) 무언가를 성취하려면 결국은 힘든 과정을 견디는 시간이 필요한데, 그 시간을 모트모트가 함께하며 도와주고 있는 것이다.

♦ 자녀의 안심 픽업을 도와주는 홉스킵드라이브

홉스킵드라이브(HopSkipDrive)는 미국에서 운행되고 있는 '어린이 전용 라이드 서비스(kids ride services)'이다. 기존의 기업 설명 방식으로 설명하자면 우버(Uber)와 같은 차량 배차 서비스라 할 수 있다. 다른 점은 아이를 픽업하는 서비스에 집중한다는 것이다. 그러나 더 큰 차별점은 단순하게 픽업하는 대상이 우버와 다르다는 것이 아니라 '부모를 안심시키며 아이 픽업을 도와주는', 즉 부모에게 '안심'을 제공하는 서비스라는 점이다. 이를 중명하듯 세 명의 창업주가 모두 아이를 키우는 엄마들이다.

미국 부모들은 등하교부터 방과 후 활동까지 적게는 3~4번, 많게는 8~10번까지 차로 아이들을 픽업해야 한다. 그래서 부모 모두 직장인이거나 자녀를 돌봐줄 여건이 되지 않는 경우에는 자녀 픽업에 대한 고민이 많다. 우버의 경우 만 18세 이하의 청소년은 보호자와 반드시 함께 타야 한다. 하지만 홉스킵드라이브는 6세 이상 18세 미만의 아이들이 보호자 없이도 서비스를 이용할 수 있다. 이를 위해 미국 주(State), 학교와 제휴를 맺고 있다.

미국 LA에서 시작된 이 서비스는 어린이의 안전을 보장하기 위한 여러 장치를 두고 있다. 우선 부모가 언제든 운전자의 신원조회를 가능하게 만들었으며, 실시간 위치추적이 가능하다. 운전기사는 보육 경력이 있는 사람만을 채용한다. 실제 홉스킵드라이브가 운전 기사를 모집할 때는 지문 채취, 배경 조사, 차량 및 자동차보험 검사, 운전면허증 검사, 운전기록 조사, 면접 등 15단계의 엄격한 인증 프로세스를 통해 선발한다. 나이는 23세 이상이어야 하고, 아이 돌본 경험 5년 이상, 무사고에 전과가 있는지 등도 살핀다. 이뿐만이 아니라 운전 기사는 사고에 대비할 수 있도록 응급상황 대처법과 아이들을 위한 사전 교육을 받는다.

홉스킵드라이브가 제공하는 고객의 앱에서는 언제 픽업하고 내렸는지 단계별로 알람을 주고 정보를 확인할 수 있다. 홉스킵 드라이브 내부에서 운영하고 있는 세이프 라이드 시스템으로 혹시 발생할지 모르는 문제를 사전에 해결할 수 있도록 각 차량의 실시간 정보를 추적한다. 예를 들어, 자동차가 정지하는 경우 그 사유가 타이어의 펑크 때문인지, 교통 체증 탓인지, 드라이버가 자발적으로 브레이크를 밟았기 때문인지 등을 파악할 수 있다. 만약 문제가 생겼을 경우 회사는 대체 차량을 바로 보내고 학교와 보호자에게 이를 알린 후 문제가 해결될 때까지 실시간으로 상황을 전달한다. 미국에서는 최근 승차 공유 서비스가 우후죽순으로 많이 생기고 있지만, 홉스킵드라이브(HopSkipDrive)는 그중에서 가장 급성장을 이룬 기업이다. 현재 미국의 12개의 주에서 서비스를 이용할 수 있으며 2022년 9월에는 3,700만 달러의 시리즈 D 투자를 받았다.

♦ 고객을 보는 관점의 전환, 비즈니스 모델의 리프레임!

판매자가 아닌 고객의 서포터가 되기 위해서는 지금까지의 비즈니스 모델을 리프레임해야 한다. 비즈니스 모델은 어떤 사업의 이익을 창출하는 방식이다. 고객에게 가치 있는 무엇을 제공하고 그 대가를 받을 수 있는 구조를 짜는 것이라고 풀어서 설명할 수 있다. 비즈니스 모델이라는 개념은 21세기에 들어와서 중요성이 더욱 커졌다. 이전에는 원료를 구매하여 제품을 만들어 팔거나 제품에 서비스를 더해 판매하는 것이 일반적이었지만, 인터넷으로 인해 새로운 이익을 창출하는 방식들이 나타나게 됨에 따라 비즈니스 모델의 중요성이 강조되고 있다.

지금의 시대를 설명하는 많은 용어들도 등장하고 있는 것을 볼 수 있다. 경험 경제(Experience Economy) 시대, 고객 경험(Customer Experience) 시대, 디지털 트랜스포메이션(Digital Transformation) 시대 등이 대표적이다. 많은 개념들이 있지만 그 중심엔 '경험'과 '고객'이 있다. 시대에 따라 고객을 바라보는 시점의 변화가 필요하다. 제품이 중요한 시대에는 제품을 사용하는 사람이라는 측면에서 사용자 또는 영어로 '유저(User)'가 중요했다. 하지만 서비스가 중요해진 현재는 '소비자' 관점의 비즈니스를 하고 있다. 사용자가 제품을 사용하는 사람이라면, 소비자는 기업의 제품과 서비스를 사용하는 전 과정이라는 관점이 더해진다. 고객의 경험이 중요해지고 있는 시대에는 고객을 '인간 관점'으로 보는 것이 필요하다. '인간' 관점이란 제품과 서비스를 통해서 고객이 궁극적으로 달성하고자 하는 '열망(Desire)'을 파악하여 이를 충족시켜주고자 하는 것이다. 물론 그렇다고 제품과 서비스가 중요하지 않거나 사용자와 소비자 관점이 필요 없다는 것이 아니다. 앞으로의 시대는 각 관점의 조합이라고 할 수 있다. 경험 전반을 구상할 때, 제품과 서비스를 구상할 때 관점을 적절히 사용할 수 있는 것이 중요하다. 각 관점의 차이를 다음의 〈표13 고객을 바라보는 관점 3가지〉에서 살펴볼 수 있다.

○ 〈표13 고객을 바라보는 관점 3가지〉

사용자 관점	'사용자' 관점에서는 제품을 사용하는 시점에서의 니즈를 찾아 상품을 기획하는 것이 중요하다. 발견한 니즈를 통해 기업은 사용자가 만족할 만한 기능을 제공해 주게 된다. 운동화를 예로 들어보면, 초보 러너(runner)들의 니즈 중에 운동화를 조깅할 때와 출근할 때 동시에 신고자 하는 것이 있다면, 사용자의 니즈에 따라 가벼운 니트 소재를 사용하고, 일상복에도 어울리는 디자인을 적용해서 출시할 수 있을 것이다.
소비자 관점	'소비자' 관점에서는 고객의 원츠(wants)를 파악해 고객이 접하게 되는 기업의 모든 접점(광고, 스토어, 고객 응대, 상품, 애프터 서비스, SNS 등)에서 매력이 느껴지는 브랜드가 되는 것이 중요하다. 원츠는 니즈에서의 기능적인 충족을 넘어서는 개념이다. 다시 운동화를 예로 들어보면, 소비자가 원하는 기능의 제품은 여러 브랜드에 있을 수 있지만 원하는 상품은 나이키의 조깅화일 수 있다.
인간 관점	'인간' 관점은 사람의 열망(Desire)을 충족시켜주는 것이다. 이 관점은 원츠의 매력적인 이미지를 넘어선 개념이다. 고객의 열망을 충족시키기 위해서는 고객이 제품과 서비스를 통해서 접하게 되는 경험을 설계해야 한다. 앞서 설명한 2개의 사례(모트모트와 홉스킵드라이브)가 고객을 '인간'의 관점으로 보고 경험을 설계한 것이다. 운동화 사례를 보면 고객의 궁극적인 열망은 '건강'이고 나이키는 런클럽, 트레이닝 클럽을 통해 고객이 운동을 습관화하여 건강을 일상에서 관리할 수 있도록 도와주는 것이다.

비즈니스 모델을 리프레임하기 위해서는 고객의 '열망'을 충족시키는 '인간 관점'이 필요하다. 물론 비즈니스에서는 고객이 열망하는 것을 달성할 수 있게 도와주는 것에 그치는 것이 아니라 이익을 얻을 수 있는 구조를 설계해야 되고, 이것이 비즈니스 모델이 되는 것이다. 다음 〈표14〉는 고객을 바라보는 관점과 각 관점의 주요 차이점이다.

● 〈표14 고객을 바라보는 관점의 변화〉

시대 변화	제품이 중요한 시대	서비스가 중요한 시대	경험이 중요한 시대
고객을 바라보는 관점	사용자 관점 (User Perspective)	소비자 관점 (Customer Perspective)	인간 관점 (Human Perspective)
고객의 가치	니즈 (Needs: 필요한 것)	원츠 (Wants: 원하는 것, 욕구)	디자이어 (Desire: 바라는 것, 열망)
고객에게 제공하는 것	기능	매력	감동
기업의 활동	고객이 필요한 기능을 상품화하여 판매	고객이 매력적으로 느끼는 브랜드 구축하여 상품을 판매	고객이 열망하는 것을 달성할 수 있게 도와줌
기업 내부 주요 활동	상품 기획	마케팅	경험 설계

◆ 고객의 열망을 서포트하라

지금은 과도기에 있지만 '소비자' 관점을 넘어 '인간' 관점에서 비즈니스에 접근해야 되는 시대가 도래했다. 현재의 고객들은 이제는 품질 좋은 제품과 서비스 그 이상을 원한다. 그래서 더 이상 비즈니스 콘셉트를 구상할 때 무엇을 팔지에 대한 콘셉트가 아니라 고객이 궁극적으로 이루고자 하는 '인간 관점'에서의 열망, 즉 바라는 바가 무엇인지를 파악하고 그것을 이룰 수 있도록 무엇을 어떻게 도와줘야 되는지를 고민해야 된다.

사례로 설명한 모트모트에서 고객이 궁극적으로 바라는 바는 좋은 플래너가 아니라 시간 계획을 잘 짜고, 계획한 대로 실천하여, 궁극적으로 목표한 바를 달성하는 것이다. 목표한 바가 시험 성적을 올리는 것일 수도 있고, 시험에 합격하거나 취직에 성공하는 것일 수도 있겠다. 마찬가지로 홉스킵드라이브 역시 고객이 원하는 것은 아이를 원하는 시간과 장소에서 픽업해 주는 서비스가 아니라, 내가 못 가더라도 나와 내 자녀가 안전하다고 믿을 수 있고, 안심할 수 있는 픽업 서비스이다. 고객의 추구하는 가치는 이미 〈표14 고객을 바라보는 관점의 변화〉에서와 같이 니즈와 원츠 단계의 좋은 품질의 제품과 서비스, 브랜드 이미지를 넘어 고객이 열망하는 것을 제공해주어 감동을 느끼게 해주는 단계로 진화하고 있다. 고객에게 무언가를 판매하겠다는 마인드로 접근하면 니즈와 원츠 단계는 만족시킬 수 있지만 '디자이어(Desire)' 레벨의 가치를 제공하려면 고객이 열망하는 것을 파악하고 이를 달성할 수 있도록 도와주는 서포터로서의 역할로 접근해야 된다.

이와 같은 관점의 변화가 필요한 것은 지금까지 이런 관점이 없었다기보다, 이제는 인간 관점에서 열망을 비즈니스로 구현할 수 있는 기술의 발달이 충분히 되었기 때문이다. 모트모트나 홉스킵드라이브도 모두 모바일 인터넷, 위치정보, 데이터 분석 기술, SNS 등을 이용하였다. 이런 기술들은 현재 존재하고, 우리는 관점의 전환으로 제품의 판매를 넘어 고객의 열망을 서포트해주는 시각에서 비즈니스 리프레임을 해야 한다.

벤치마킹을 하지 마라

♦ 추격자의 벤치마킹

기업에서 벤치마킹을 하지 않는 경우를 찾기 힘들 정도로 벤치마킹은 전략·기획 업무에서 빼놓을 수 없는 활동이다. 벤치마킹은 경영 전략, 상품 기획, 마케팅, 기술 개발과 프로세스 혁신 등 다양한 업무에서 활용되고 있다. 벤치마킹이 유용한 이유는 선진 기업(superior competitors)의 성공한 결과를 빨리 학습하여 시간과 비용을 적게 들여 성공 공식을 이해할 수 있기 때문이다. 기업이 직접 혁신 방안을 고민해서 적용해보는 모든 시간과 노력을 고려한다면 벤치마킹만큼 인풋(input) 대비 아웃풋(output)의 효율이 높은 혁신 기법은 없을 것이다. 그만큼 널리 쓰이고 있는 기법이지만 어떤 사람은 선진 사례를 그대로 따라 해야 한다고 주장하기도 하고 어떤 사람은 모방이 아닌 타사의 장단점을 분석해서 기업에 맞게 최적화하여 적용해야 한다고 주장하기도 하며 의견이 갈리기도 한다.

하지만 나는 이 두 주장이 모두 맞다고 생각한다. 그대로 적용할지와 기업에 맞게 변형할지는 벤치마킹의 목적과 목표에 따른 선택의 사항이라고 생각한다. 그대로 적용할 것인지와 기업에 맞게 변형할지의 논쟁보다 더 중요한 것은 우리가 벤치마킹을 왜 하는지에 대한 목적이다. 나는 제대로 된 벤치마킹을 하지 않을 바에야 하지 말라고 말하고 싶다. 상품의 품질, 기술 수준, 고객 응대 능력 등이 고객의 기대 수준에 못 미친다고 하면 경쟁사 수준으로 따라잡아야(catch-up) 할 수도 있겠다. 그러나 따라잡기(catch-up)를 위해서라면 모르겠지만 비지니스 리프레임을 위해서라면 벤치마킹은 적합하지 않다.

한 기업이 선진 기업의 특정 활동이나 상품을 지향점으로 놓고 어떻게 따라잡을지를 고민한다면 항상 경쟁에서 질 수밖에 없다. 내가 따라가는 동안 지향했던 선진사는 한 발 더 앞에 나가 있을 것이고, 나는 계속 따라가는 추격자(follower)가 될 것이다. 영원한 2등이 되는 것이다.

◆ 벤치마킹으로는 영원히 이길 수 없다

벤치마킹을 할 때 많은 사람들이 간과하는 것이 있다. 타깃으로 삼은 선진 기업은 고정된 타깃(static target)이 아니라, 움직이는 타깃(moving target)이라는 것이다. 물론 빠르게 선진 기업을 따라가는 추격자(fast follower)가 기업이 의도한 전략이라면 상관없다. 그리고 빠른 추격자(fast follower) 전략이 나쁜 전략도 아니다. 너무 큰 리스크를 걸면서 퍼스트 무버(first mover: 새로운 제품이나 기술을 빠르게 따라가는 전략 또는 기업을 일컫는 패스트 팔로어[fast follower]와 달리 산업의 변화를 주도하고 새로운 분야를 개척하는 창의적인 선도자를 말한다)가 될 필요가 없을 수도 있다. 그렇지만 앞으로의 시대는 그 전 시대보다 더 빠른 스피드로 경쟁이 이루어질 것이고, 쫓아가는 것만으로는 시장에서 만족할 만한 성과를 얻지 못할 것이다. 나보다 더 빠른 경쟁자가 언제든지 나타날 수도 있다.

과거 우리는 일본 기업을 벤치마킹하여 성장했고, 이제는 중국 기업이 우리나라 기업을 벤치마킹하면서 성장해가고 있다. 이런 상황에서 나는 비즈니스 리프레임을 더 이상 미룰 수 없다고 생각한다. 그렇다면 우리는 기존의 벤치마킹을 계속해야 하는 것인가? 답은 'yes and no', 즉 그렇기도 하고 아니기도 하다. 하긴 해야 하지만 기존 방식의 벤치마킹만 하면 안 된다. 비즈니스 리프레임을 위한 벤치마킹을 같이 해야 한다.

◆ 비즈니스 리프레임을 위한 벤치마킹

대부분의 벤치마킹을 요약해보면 "선진 기업이 이런 활동을 하고 있으니 **우리도** 이런 활동을 해야 된다"라는 인식 아래 진행되곤 한다. 그러나 앞에서 말했듯 우리가 하고자 하는 것은 추격자가 되는 것이 아니라 비즈니스 리프레임이다. 그러기 위해서는 벤치마킹의 목적이 "선진 기업은 이런 활동을 하고 있고, **우리는** 이런 활동을 해야 된다"가 되어야 한다. 추격자 입장에서의 벤치마킹은 선진사의 잘하고 있는 활동을 따라잡는 것이 'end-goal(궁극의 목표)'이지만, 비즈니스 리프레임에서의 벤치마킹은 우리가 하고자 하는 바가 'end-goal'이고, 선진사의 활동은 현재 시장에서 가장 잘하고 있다고 받아들여지는 활동의 사례가 되는 것이다. 비즈니스 리프레임을 위한 벤치마킹을 하기 위해서는 비즈니스 리프레임 콘셉트 단계 전과 후로 나누어 진행해야 한다. 리프레임 전 단계는 벤치마킹을 통한 기획과 이해 단계이고, 이후 단계는 기준점을 잡는 단계이다. 〈표15〉에 리프레임을 위한 벤치마킹 3단계를 요약해 놓았고, 이제부터 단계별로 설명을 이어가고자 한다.

○ 〈표15 비즈니스 리프레임을 위한 벤치마킹 단계〉

비즈니스 리프레임 콘셉트 개발 전 단계의 벤치마킹				비즈니스 리프레임 콘셉트 개발	비즈니스 리프레임 콘셉트 후 단계의 벤치마킹
1단계 : 기획		2단계 : 이해			
목적 Goal	대상 Scope	파악 Identification	해석 Interpretation		3단계 : 기준점 선정 Marking

◆ 비즈니스 리프레임을 위한 벤치마킹 1단계 : 기획

비즈니스 리프레임을 위한 3단계 벤치마킹 중 첫 번째 단계는 기획이다. 기획 단계에서 필요한 것은 목적을 정의하고 대상을 정하는 일이다.

첫째, 목적 정의하기

기획 단계에서 가장 먼저 해야 하는 일은 무엇을 위한 벤치마킹을 해야 되는지에 대한 문제 정의이다. 문제는 하나의 큰 주제일 수도 있지만 여러 개일 수도 있다. 어떤 경우는 무엇이 문제인지 명확하지 않거나, 나는 문제라고 생각하지만 다른 사람들은 문제라고 생각하지 않는 경우도 있고, 그 반대의 경우도 있다. 명확하지 않아도, 서로 이해가 달라도 상관은 없다. 모두 나열해 보고 목적을 같이 정하는 과정이 중요하다.

둘째, 대상 선정하기

대상 선정 단계는 문제에 대한 혜안을 얻으려면 어떤 기업을 벤치마킹할지, 또는 그 기업의 어떤 사례를 벤치마킹해야 할지를 찾아보고 선정하는 단계이다. 이 단계에서 여러 기업들을 찾아보게 되는데, 국내 시장을 타깃으로 하는 경우라도 해외 사례를 꼭 같이 보는 것을 추천한다. 해외 여행도 일반화되었고 SNS로 해외 사례를 누구나 쉽게 접하므로 벤치마킹의 대상은 국내

외를 막론해야 한다. 대상을 선정할 때 기업이 속해 있는 같은 업종만이 아니라 이업종까지 벤치마킹 대상으로 한다. 업종에 상관없이 벤치마킹의 목적을 중심으로 혜안을 줄 만한 사례를 찾아야 한다.

트렌드가 먼저 시작되는 업종을 보는 것도 좋은 방법이다. 예를 들어, 미술관을 대상으로 비즈니스 리프레임을 한다고 할 경우 패션 명품 브랜드나 힙한 스트리트 패션 브랜드를 대상으로 벤치마킹을 해야 될 수도 있다. 오래된 브랜드이지만 젊은 층에게 어떻게 꾸준히 인기를 얻고 있는지를 알고자 한다면 명품 브랜드를 벤치마킹 한다든지, 힙한 감성은 어떤 활동과 제품의 특징에서 표출되는지를 알고 싶다면 스트리트 패션 브랜드를 볼 수도 있다. 기업이 속한 산업 분야만을 대상으로 하지 않고, 찾고자 하는 문제의 해결 방안이 어디에 있느냐를 기준으로 벤치마킹 대상을 선정해야 한다.

◆ 비즈니스 리프레임을 위한 벤치마킹 2단계 : 이해

비즈니스 리프레임을 위한 두 번째 단계는 이해이다. 이 단계에서 필요한 것은 대상을 파악하고 해석하는 일이다.

첫째, 파악하기

파악하기 단계는 선정한 대상에 대한 조사에 착수하는 단계이다. 인터넷이나 서적을 통한 데스크 리서치(Desk Research)에 서부터 고객의 입장에서 직접 방문해서 보거나 체험해 보는 것이 중요하다. 벤치마킹 대상이 제품이라면 직접 사용해봐야 한다. 가능하다면 대상 기업의 관련인을 인터뷰를 해보는 것도 매우 유용하다. 인터뷰를 해보면 겉으로 보여지는 것 외에 어떻게 구현을 했는지, 적용하면서 어떤 점이 힘들었는지 또는 어떤 점이 좋았는지 등을 알 수 있다. 최대한 정확하고 깊이 있는 이해를 위해 다양한 방법론을 활용한다.

둘째, 해석하기

해석하기 단계는 벤치마킹 대상이 특정 활동을 한 이유와 어떤 효과를 거두었는지를 이해하는 단계이다. 가장 중요한 단계이기도 하다. 해석이 없이 파악에만 그치면 본질을 알 수가 없다. 다시 미술관 사례를 보도록 하겠다.

2018년 비욘세(Beyoncé)와 그의 남편 제이지(Jay-Z)는 프랑스 루브르 미술관을 통째로 빌려 뮤직 비디오 '더 카터스-에이프싯(THE CARTERS – APESHIT)'을 촬영했다. 루브르 미술관은 힙합 뮤직 비디오를 촬영하도록 큰 결정을 한 것이다.

어떠한 의도로 또 결과적으로 어떤 효과를 거뒀는지를 모른 채 사실만을 파악하는 벤치마킹을 했다면 '우리 미술관에서도 유명한 뮤지션의 뮤직 비디오를 찍자'는 단순한 주장밖에 나오지 않는다. 그리고 당연히 그 벤치마킹 결과는 비즈니스 리프레임에 별 기여를 할 수 없다. 한 번의 이벤트로 할 수는 있겠지만 진정성 없는 보여주기 식으로밖에 고객에게 전달되지 않을 것이다.

역사적으로 미술관은 백인, 귀족의 문화로 여겨진 곳이다. 엄중하고 기품 있는 곳으로 대중들의 머리속에 인식되어 있다. 특별히 미술에 관심이 없는 관람객이라면 매우 따분한 곳으로 여겨지거나, 해외 여행 가면 유명하다고 하니까 가보는 정도일 것이다. 루브르 미술관은 이 고정관념을 깨고자 했다. 사회에 메시지를 전달하며, 대중문화와 고전 예술의 경계를 허물고 소통하는 미술관이 되어 보고자 결정을 한 것이다. 뮤직 비디오 촬영 후 루브르는 티켓 판매수 기록을 갱신했고, 30대 이하 방문자수 50%를 달성했다.

유튜브에 올라온 뮤직 비디오 영상은 2억 7천만을 육박하는 조회수(2022년 11월 8일 기준)를 기록했다. 그리고 젊은 세대의 예술에 대한 대화를 시작할 수 있게 만들었다는 평을 듣고 있다. 이와 같은 해석이 있어야 벤치마킹한 내용을 나의 상황에 맞는 방식으로 아이디어를 더해 전략적인 선택을 할 수 있다.

♦ 비즈니스 리프레임을 위한 벤치마킹 3단계 : 기준점 선정

비즈니스 리프레임을 위한 세 번째 단계는 기준점을 선정하는 일이다. 기준점 선정 단계는 2단계가 끝나고 바로 하는 것이 아니라 비즈니스 리프레임 콘셉트를 구상해 보고 난 이후에 진행된다. 1, 2 단계는 우수하다고 인정받고 있는 사례들을 습득한 것이라면 3단계는 주장하고자 하는 바를 설득하기 위해 벤치마킹 사례를 선정하는 단계이다.

선정할 때의 기준은 기업 내부에 변화를 촉진할 수 있는 위기감과 변화 동기를 줄 만한 사례이냐이다. 위기감과 변화 동기라고 표현했지만, 이와 함께 '이런 것도 해볼 수 있겠다'라는 상상의 힌트를 주기도 한다. 대부분의 비즈니스 리프레임 콘셉트를 설명할 때에는 이런 게 될지 미심쩍은 마음도 들 수 있고, 어떤 모습인지 상상이 안 될 수도 있다. 콘셉트는 개념적이라 이해시키기 힘든 경우가 더 많다. 그렇기 때문에 벤치마킹 사례를 활용하여 콘셉트를 설명하는 것이 효과적이다. 그 사례는 성공한 사례이고 고객들로부터 좋은 평가를 받고 있기 때문에 허황되지 않다는 증거가 되기도 한다. 그래서 위기감도 주지만 '해볼 수 있겠다'라는 자신감을 같이 주기도 한다.

하지만 앞서 강조했듯이 '우리도 해야 한다'가 아니라 '우리는 이렇게 해야 된다'를 주장해야 한다. 아래 표 〈16〉을 통해 기준점으로 선정한 벤치마킹 사례가 어떤 맥락으로 사용되는지의 사례를 볼 수 있다. 실제 보고를 할 때는 더 많은 사례를 들기도 하고 '앞으로의 방향' 부분에 구체적인 아이디어를 더하기도 한다.

또한 주장하고자 하는 내용의 전달력을 높이기 위해 이미지나 동영상을 사용하기도 한다.

○ 〈표16 벤치마킹을 통한 기준점 선정 후 단계〉

비즈니스 리프레임 콘셉트	기준점	현재 상태와 문제점	앞으로의 방향
작품을 보는 경험에서 벗어나 문화를 만들어가고 소통하는 곳	루브르는 비욘세 뮤직비디오를 촬영하게 함으로써 젊은 사람들과 소통을 촉진. 비욘세 뮤직비디오 투어 등의 시도로 이어짐.	작품을 보여주고 설명하는 방식. 고객과 소통이 아닌 내용 전달.	젊은 세대와의 문화를 만들어가기 위해 미술 작품만이 아닌 음악, 문학, 학문 등을 소개하고 소통하는 문화 플랫폼으로 진화

◆ 벤치마킹을 하지 말고 마킹을 해라

비즈니스 리프레임을 위해서라면 선진 사례를 학습하는 목적으로 벤치마킹을 하되, 벤치마킹을 통해 따라가는 것을 목표로 하지 말아야 한다. 벤치마킹을 내가 그리고자 하는 모습, 비즈니스 리프레임을 한 모습의 감을 잡기 위한 활동으로 활용하자.

다음의 〈표17 기존 벤치마킹과 비즈니스 리프레임을 위한 벤치마킹의 개념〉에서는 두 개의 벤치마킹의 목적의 차이를 표현해 놓았다. 기존 벤치마킹은 힘들게 노력해서 벤치마킹 대상 기업이 만들어 놓은 경쟁의 틀로 들어가려는 것이다. 그래서 벤치마킹을 하지 말고 마킹을 하라고 말하고 싶다.

비즈니스 리프레임에서의 벤치마킹은 내가 만들려는 프레임을 위해 상대방의 위치를 파악하고 나의 위치를 잡아가는 활동이다. 그래서 벤치마킹을 하지 말고 내가 갈 곳을 마킹하라고 말해주고 싶다.

○ 〈표17 기존 벤치마킹과 비즈니스 리프레임을 위한 벤치마킹의 개념〉

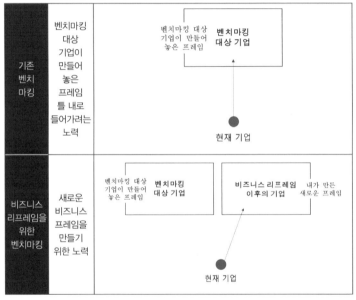

REFRAME CUSTOMER

고객 통찰

리드 고객을
찾아라

♦ 대중을 움직이는 리드 고객 찾아라

고객을 구분하는 것을 세그먼테이션(Segmentation)이라고 한다. 세그먼테이션은 그 목적에 따라 같은 특성의 고객을 세부 그룹으로 묶는 활동이다. 세그먼테이션은 연령, 성별, 가족 구성, 직업, 학력 등의 인구통계적 구분, 지역 구분, 사회계층, 라이프 스타일, 개성 등의 심리적 구분, 사용량, 빈도 등의 구매행동에 따른 구분 등 다양한 구분 방식이 있다. 2장에서 소개하고자 하는 고객 유형 구분은 비즈니스 리프레임을 하기 위함이다. 비즈니스 리프레임의 처음과 마지막은 고객을 이해하는 데서 시작하고 끝난다고 해도 과언이 아니다. 고객을 제대로 이해하는 데에서 시작하고 고객을 바라보는 시각을 새롭게 하는 것으로 비즈니스 리프레임이 완성된다. 비즈니스 리프레임을 위한 고객 구분의 목적은 현재에서부터 근미래에 나타날 대중을 움직이는 힘이 있는 '리드 고객(Lead customer)'을 찾는 것이다. 리드 고객이란 시장의 트렌드를 리드하는 고객을 의미한다.

비즈니스 리프레임의 기회는 아직 충족되지 못하고 있는 그들의 니즈(Needs), 원츠(Wants), 열망(Desire: 디자이어)에 있다. 현재 고객을 세분화한다고 해서 새로운 기회가 보이지 않는다. 현재 고객의 세분화는 현재 시장을 이해하는 정보를 제공할 뿐이다. 그래서 고객을 구분하는 자체를 리프레임 해서 리드 고객을 찾아내야 한다. 리드 고객을 찾는다는 것이 틈새 시장(niche market)을 찾는다는 것은 아니다. 리드 고객이 시장에서 아직 대중적이지는 않더라도 이들을 만족시켜줄 만한 비즈니스 콘셉트가 있다면 이들은 기꺼이 새로운 상품을 사용해보고 자신의 의견을 시장에 전파하는 사람들이다.

다음 페이지의 그래프는 에버렛 M. 로저스(Everett M. Rogers)의 '혁신 확산 이론'으로, 혁신이 어떻게 소수에서 다수로 순차적으로 전파되는지와 혁신을 수용하는 고객의 유형을 퍼센트로 본 것이다. 리드 고객은 이 모델의 혁신 수용자(Innovators)와 선각 수용자(Early Adopters)에 해당된다. 2.5~13.5% 정도의 고객이지만 요즘은 SNS로 인해 전파되는 속도와 영향력도 매우 빠르다. 그렇기 때문에 고객 리프레임을 하기 위한 세그먼테이션은 현재 시장의 데이터(소비액수, 인구수 등)가 중심이 되는 '마켓 세그먼테이션'을 하는 것이 아니라 리드 고객을 찾아 그 유형을 구분하는 것이 되어야 한다.

대중(Mass Customer)에 해당하는 전기 다수 수용자(Early Majority)와 후기 다수 수용자(Late Majority) 고객은 현재 시각으로 바라보면 가장 큰 시장을 구성하므로 이들을 타깃하려는 유혹을 뿌리치기 어려울 것이다. 이 둘을 합치면 70%나 된다. 하지만 대중은 리드 고객이 상품을 사용하고 그들이 후기를 남긴 것을 보고 나서 살지 말지를 고민하는 고객이다. 리드 고객은 16% 정도 밖에 되지 않지만 시장에 영향력을 발휘하여 대중을 움직인다. 여러분이 리드 고객을 타깃하지 않고 숫자가 월등이 많은 대중을 타깃하였다면 아마 이미 대중은 리드 고객을 타깃한 경쟁사의 제품 리뷰를 보면서 그들의 제품을 구매할 것을 고려하고 있을 것이다.

○ 〈표1 혁신 확산 이론으로 본 리드 고객〉

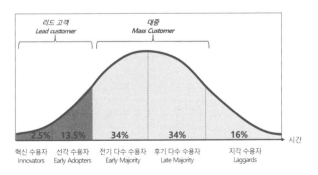

♦ 고객 구분에 앞서 트렌드를 읽어라

리드 고객을 찾기 위해서는 시대의 흐름과 고객의 변화가 어떤지를 먼저 파악해야 한다. 이러한 과정 없이 현재 가지고 있는 지식에서 고객을 구분하면 현재 고객을 놓고 다르게 구분하는 것밖에 되지 않는다. 수많은 트렌드 중에서 어떤 트렌드를 봐야 되는지 막막하거나, 항상 트렌드를 센싱(sensing), 즉 감지하고 있어 알고는 있는데 그중 어떤 트렌드가 의미 있는 건지 구별이 어려울 수 있다.

시중에 나오고 있는 트렌드 분석들은 소비 트렌드인 경우가 많다. 소비 트렌드는 메가 트렌드의 영향으로 나타나는 현상들이다. 소비 트렌드가 필요 없다는 것이 아니라 비즈니스 리프레임을 위해서는 큰 흐름을 파악해야 된다는 것이다. 우리가 찾고자 하는 것은 큰 흐름 속에 곧 커지고 지속될 만한 기회이다. 그렇기 때문에 우리가 찾으려고 하는 것은 트렌드 중에서 고객의 행태, 라이스프타일, 가치관을 바꾸는 것이 무엇인지를 중점으로 봐야 한다.

고객의 행태, 라이프스타일, 가치관을 바꿔 변화를 일으키는 동인을 핵심 드라이버(key driver)라고 한다. 예를 들어, 레저 산업을 하고 있는 기업이 비즈니스 리프레임을 하고 싶다고 할 경우, 봐야 하는 트렌드는 레저 산업 분야에 국한되지 않는다. 일의 방식과 유형의 변화까지도 읽어야 한다. 사람들은 어떠한 일을 하느냐에 따라 즐기고자 하는 쉼의 형태와 놀이의 형태가 다르기 때문이다. 또한 인구구조와 가족의 의미 변화, 소셜라이징(Socializing) 방식의 변화 또한 봐야 한다. 이것은 누구와 레저를 즐길 것인지에 대한 트렌드를 파악하기 위함이다.

또 다른 예로 워크(work) 관련 산업의 기회를 찾고자 한다면 트렌드 중에서 일에 대한 가치관, 삶의 방식, 일과 삶의 관계, 일하는 환경, 성공한 커리어 정의의 변화 등에 해당하는 트렌드를 봐야 한다. 메가 트렌드에 관련해서는 1장의 '미래를 보고 와라'에서 설명한 방법을 적용하면 된다. 리드 고객을 찾고자 한다면 메가 트렌드와 그 영향력을 분석해보고, 산업을 바꾸고 있는 핵심 드라이버를 파악해야 한다. 그리고 내가 속한 산업에 의미 있는 트렌드를 찾는 활동이 선행되어야 한다. 〈표2〉는 리드 고객을 찾기 위한 트렌드 분석의 순서이다. 몇 달, 1~2년 후에 사라지는 트렌드를 막연히 기회로 여기고 뛰어들면 안 된다.

○ 〈표2 리드고객을 찾기 위한 트렌드 분석의 순서〉

단기 유행이 아니라 큰 흐름 속에 있는 유효한 리드 고객을 찾아 비즈니스 리프레임을 하기 위한 트렌드 분석 순서

메가 트렌드 → 메가 트렌드 영향력 분석 → 산업의 핵심 드라이버(동인) → 트렌드

변화의 흐름을 읽을 때, 내가 쓰는 유용한 팁은 과거부터 현재, 미래까지의 핵심 드라이버가 일으키는 변화를 적어보는 것

이다. 〈표3 리드 고객 2×2 매트릭스 사례 : 일(work)〉에는 일 (work) 사례에 해당하는 핵심 드라이버와 트렌드 예시를 볼 수 있다. 과거, 현재, 미래를 정리해보면 그 차이가 명확해지면서 앞으로 가야 하는 방향에 대한 자신감도 얻게 된다. 혁신에 영향을 주는 요소 중 하나는 좋은 아이디어도 있겠지만 회사 전체가 이 방향에 대한 자신감을 가지고, 얼마나 지속성을 지니며 혁신을 추진할 수 있냐에 달려있기도 하기 때문이다.

♦ 리드 고객을 담아낼 수 있는 2×2 매트릭스를 설계하라

고객의 행태, 라이프스타일, 가치관을 바꾸는 트렌드가 파악되었다면 이제는 트렌드로 인해서 '고객의 무엇이 바뀌고 있는가?'를 질문해보고, 바뀌고 있는 '핵심 요소' 2가지를 뽑아본다. 핵심 요소 2가지는 2×2 매트릭스의 축으로 쓰일 것들이다. 그래서 고심해서 선정해야 하고, 그렇기 때문에 쉽지 않은 작업이다. 이것저것 후보들을 나열해보고 '메이크 센스(make sense)'한지를 계속 반문해봐야 한다. '메이크 센스'하다는 사전적 의미로 '의미가 통하다', '타당하다'라는 뜻이다. 주요 트렌드로 인해서 고객의 2가지 요소가 변화하고 있다고 설명할 수 있어야 하고, 그 뒤에 이어지는 고객의 유형과 유형별 고객의 니즈와 원츠, 열망, 나아가 고객이 추구하는 가치와 라이프스타일, 상품의 사용 행태까지 설명할 수 있어야 하기 때문에 타당한지를 계속 반문해

봐야 한다.

'메이크 센스'한지를 판단해보기 위한 나만의 기준은 나의 설명을 듣고 사람들이 고개를 끄덕이게 만들 수 있느냐이다. 내가 프레젠테이션해서 듣는 사람들도 공감할 수 있는 설명인지를 기준으로 만족할 만한 설명이 될 때까지 다듬는다.

◉ 〈표3 리드 고객 2×2 매트릭스 사례 : 일(work)〉

핵심 드라이버 (Key drivers)	트렌드 (Trends)	
일에 대한 가치관	[과거] 직장이 중요 [미래] 직업이 중요	〈고객을 변화시키는 2가지 핵심 요소〉 • 일과 삶의 관계 • 업무 유형
삶의 방식	[과거] 단계적 삶 : 졸업 후 취업 [미래] 동시 다발적인 삶 : 졸업 후에도 언제든 필요 시 교육을 받고 일을 병행. 아이 양육과 업무의 병행.	
일과 삶의 관계	[과거] 일과 삶의 분리 [미래] 일과 삶의 블렌드(work life blend)	
일하는 환경	[과거] 오피스 [미래] 내가 원하는 곳 어디서나	
성공한 커리어의 정의	[과거] 효과적으로 담당 업무 수행 및 승진 [미래] 나만의 노하우와 지식 콘텐츠 유무 및 나의 SNS를 팔로우하는 사람들로부터 신뢰를 받음	

♦ SNS를 활용한 리드 고객 스케치하기

2×2 매트릭스를 만들었다면 각 분면에 해당하는 고객 유형을 정의해보면 된다. 실제 프로젝트 시에는 고객 유형을 먼저 생각해보고 매트릭스를 구성해보기도 한다. 순서는 크게 문제되지 않는다. 순서가 문제되지 않듯이 고객 유형이 꼭 4가지일 필요도 없다. 하지만 대부분 2개의 축으로 만들어진 4개 분면의 각 고객 유형이 명확히 다른 속성을 가진다. 다시 한번 강조하지만 지금 하고자 하는 고객 구분은 마켓 세그먼테이션이 아니다. 리드 고객의 유형을 찾고자 하는 것이다.

그 다음으로 해야 되는 활동은 4개 유형의 고객에 대한 가설 수립이다. 이 작업은 그림을 그리는 것으로 표현하면 대략의 스케치를 하는 활동과 같다. 스케치라 하더라도 전혀 근거 없는 가설을 수립할 수는 없다. 주위에 있는 사람들을 각 유형의 고객에 대입해 보는 방법도 있고, 요즘에는 인터넷 서치, 특히 SNS를 통해 다양한 고객의 라이프 스타일들을 볼 수 있다. SNS는 매우 유용한 가설을 수립할 수 있는 소스이다. 또한 이 중에 몇 명은 직접 연락해 인터뷰를 해보는 방법도 있다. 이를 기반으로 고객 유형별 니즈, 원츠, 열망의 가설을 수립해볼 수 있다. 지금 단계에서는 맞고 틀리고가 중요하지 않다. 4가지 유형별 고객을 스케치하기에 충분한 정보를 모아보고 이 가설이 '메이크 센스'한지 감을 잡을 수 있으면 된다. 고객 유형을 스케치를 넘어 실제 색을 입히고 상세한 묘사를 하는 단계는 고객 조사를 마친 후에 이루어진다. 앞장에서 말했던 바와 같이 비즈니스 리프레임은 두 괄식이다. 그래서 항상 가설을 수립하고 검증해 나가는 방식으로 일을 해야 한다. 다음 장에서는 어떻게 스케치를 세밀한 그림으로 발전시키는지에 대한 방법을 설명하고자 한다.

고객의 삶을 들여다봐라

♦ 고객이 중심이라는 기업들의 거대한 착각

기업들은 상품의 타깃 고객을 파악하며, 자사가 제공하는 상품에 대해 만족하는 점과 불만족스러운 점을 찾는 노력을 하고 있다. 대부분의 기업들은 자신이 고객을 잘 이해하고 고객을 만족시키고 있다고 믿고 있거나, 아직 고객을 만족시켜주고 있지는 않지만 고객이 무엇을 원하는지는 알고 있다고 생각한다. 하지만 고객들도 그렇게 생각할까? 글로벌 경영 컨설팅 회사인 베인앤컴퍼니(Bain & Company)에서 조사한 결과를 보면 그렇지 않다는 것을 알 수 있다. 80%의 기업들이 '고객에게 우수한 상품을 제공하고 있고, 고객을 잘 알고 있다'고 확신했지만, 그들의 제품이나 서비스를 이용한 고객들 중 오직 8%만이 이 생각에 동의한

다고 응답했다. (〈표4〉 참조)

○ 〈표4 고객과 기업의 만족도에 대한 응답 차이〉

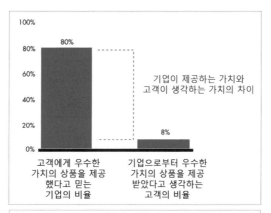

기업이 제공하는 가치와
고객이 생각하는 가치의 차이

전달 갭의 축소(Closing the delivery gap).
By James Allen, Frederick F. Reichheld,
Barney Hamilton and Rob Markey
베인앤컴퍼니가 조사한 '고객주도성장'
/고객 중심 경영에 대한 설문 조사 결과
제임스 앨런(James Allen), 프레더릭 F.
라이히헬드 (Frederick F. Reichheld),
바니 해밀턴(Barney Hamilton), 로브 마키(and Rob Markey) 조사

베스트셀러 『나는 왜 이 일을 하는가』와 거침없고 열정적인
테드(TED) 동영상 강의로 유명한 사이먼 사이넥(Simon Sinek)이
기업 강의에서 얘기한 그의 경험담이 있어 소개하고자 한다. 그
가 '교육 비즈니스 서밋(Submit: 회담)'에 참석했을 때의 일화이다.
애플의 교육 비즈니스 회담에 갔더니 거의 모든 리더들이 어떻
게 하면 선생님들의 수업을 돕고, 어떻게 하면 학생들의 학습을

도울 수 있는지를 발표하고 논의했다고 한다. 그러나 다른 대기업의 교육 비즈니스 회담에 갔더니 70~80%가 되는 리더들이 어떻게 하면 경쟁사를 이길 수 있는지를 발표했다고 한다. 한 기업은 고객을 중심으로 생각하며, 다른 기업은 경쟁의 프레임에 갇혀 고객은 뒷전이고 어떻게 하면 경쟁에서 이길지를 고심하느라 고객을 제대로 이해하지 못하고 있었다. 누구나 고객을 이해하고 있다는 착각을 하기 쉽다. 그렇기 때문에 더욱더 나의 프레임은 고객을 보는 프레임인지 경쟁의 프레임인지 냉철하게 봐야 한다.

♦ 고객을 보는 프레임을 제대로 선정하라

기업들이 고객 중심 경영을 하려고 노력하지만 고객들은 그렇게 생각하지 않은 이유는 무엇일까? 여러 이유가 있을 수 있겠지만 그 중에 가장 중요한 하나는 기업이 고객을 보는 프레임에 있다고 본다. 기업들은 자신의 프레임이 고객을 중심에 뒀다고 하겠지만, 실제로는 그렇지 않은 경우가 많다. 기업들은 고객을 중심으로 개선 활동을 한다고는 하지만, 많은 경우 경쟁사와의 비교 프레임을 놓고 고객의 불만족 사항을 개선하고, 경쟁사와의 갭(gap)을 줄이는 활동을 하고 있는 경우가 많다. 경쟁사와의 갭을 줄이는 활동은 대부분의 기업들이 하고 있는 활동이고, 이를 하지 말아야 하는 것은 아니다. 하지만 이 활동만 해서는 안 된다.

내가 핀란드에서 유학하던 시절인 2005년 노키아는 세계 1위 모바일폰 제조사였다. 세계 곳곳에 사용자 연구 센터를 보유하고 있었다. 아시아는 물론이고 아프리카에서도 고객 연구를 할 정도였다. 그만큼 노키아는 고객을 세밀하게 세분화하여 연구하고 있었다. 이러한 고객 연구 덕에 노키아는 2007년 4분기 전 세계 모바일폰 시장의 50.9%[*]를 차지했다. 노키아는 고객의 니즈를 충족시키기 위해 끊임없는 조사와 이에 기반하여 개선된 기능은 물론이고 다른 경쟁사들보다 먼저 새로운 기능이 탑재된 제품과 서비스를 출시했다.

그러했던 노키아가 한순간에 무너졌다. 고객을 몰라서 무너졌을까? 나는 아니라고 생각한다. 노키아는 고객을 모르지 않았다. 단지 그들은 그들이 보고자 하는 프레임에서의 고객을 잘 알고 있었다는 것이 문제이다. 그래서 나는 고객을 보는 프레임이 중요하다고 생각한다.

많은 기업들이 기능의 충족을 위해 개선 작업을 하고 있지만 종종 큰 시각에서 고객을 보는 프레임을 반문해봐야 한다. 고객 리프레임을 위해서 앞의 글에서 소개한 바와 같이 산업의 변화에 따른 리드 고객을 파악해야 한다. 고객 조사를 하게 되면 고

---

[*] Statista. Global market share held by Nokia smartphones from 1st quarter 2007 to 2nd quarter 2013. https://www.statista.com/statistics/263438/market-share-held-by-nokia-smartphones-since-2007/

객은 물어보는 질문에 답을 한다. 그러나 이 질문도 기존 프레임의 질문을 하면 기업이 듣고 싶은 답을 얻을 수 있지만 고객이 진정으로 원하는 것을 들을 수는 없다.

자동차 왕으로 불리는 미국의 자동차 회사 '포드'의 창설자 헨리 포드의 유명한 말이 있다.

"내가 고객에게 무엇을 원하느냐고 묻는다면 고객은 '더 빠른 말'이라고 대답할 것이다(If I had asked people what they wanted, they would have said faster horses.)."

현재 고객도 마찬가지이다. 더 좋은 성능의 자동차를 원하냐고 물으면 고객은 그렇다고 답할 것이다. 고객이 잘못된 답을 했다는 것이 아니라 기업이 잘못된 질문을 했고, 물어볼 대상 선정을 잘못했다는 것이다.

♦ 20명의 고객을 직접 만나라

고객을 보는 프레임 다음으로 중요한 것은 고객을 직접 만나 봤느냐이다. 고객 리서치 리포트도 보고 있어 고객에 대해 잘 알고 있다고 믿거나, 나도 상품을 쓰고 있는 고객이라 고객에 대해 잘 안다고 하는 사람들도 종종 보게 된다. 그래서 자신의 시각으로 마치 고객의 니즈인 것처럼 의견을 내기도 한다. 직원도 고객

일 수도 있다. 하지만 그들이 변화를 선도하는 리드 고객인가? 아닐 수 있다. 직감을 얻으려면 개인적인 생각을 잠시 잊고 철저하게 고객의 소리를 들으며 그들의 행동을 관찰해야 한다.

어떤 기업, 어떤 부서는 고객 조사를 외주로 넘기고 리포트만 받아 보기도 한다. 이는 가장 중요한 기업의 정보를 외주 업체가 가져가는 것이다. 외주를 주더라도 적극적으로 리서치에 참여해야 한다. 리드 고객을 적어도 각 유형별로 5명은 만나봐야 한다. 5명 정도를 만나보게 되면 공통점과 차이점들이 보이면서 고객이 진정으로 원하는 것이 무엇인지 인사이트(insight: 통찰력)를 얻을 수 있고 기업이 무엇을 해야되는 지에 대한 인투이션(intuition: 직관력 또는 직감)이 생긴다. **인사이트**란 '예리한 관찰력으로 사물을 꿰뚫어 보는 것', 즉 통찰력을 일컫는다. 반면 **인투이션**이란 '판단·추론 등을 하지 않고 대상을 직접적으로 인식하는 일', 즉 직관력을 일컫는다. 고객을 만나는 일이야 말로 가장 손쉽게 직관력과 통찰력을 얻을 수 있는 방법이다.

고객 유형이 4개라고 하고 각 유형별로 5명을 만나면 총 20명의 리드 고객을 깊이 있게 알게 된다. 그 후에 이중에서도 각 유형의 특징을 가장 잘 드러내는 고객 1~2명을 그들의 삶 속에서 만나보면 리드 고객의 니즈(Needs), 원츠(Wants), 열망(Desire)이 더욱 생생하게 느껴진다. 고객의 삶 속에서 만나본다는 의미는 그들이 제품과 서비스를 사용하는 핵심 공간, 상황에서 고객의 행태를 관찰하고 인터뷰를 하는 것이다. 그렇게 하면 고객에게 어떤 어려움, 즉 미충족된 니즈(unmet needs)가 있는지를 볼 수 있다. 스티브 잡스는 자서전에 "사람들은 자신이 무엇을 진짜로 원하는지 모른다(People don't know what they want until you show it to them)"라고 썼다. 이렇게 말한 이유는 고객이 직접 말로 본인이 원하는 것을 정확히 표현하지 못하기 때문이다. 때로는 고객이 인지하지 못한 불편함(pain point)이 있을 수도 있다. 아니면 고객들은 실제로는 불편하지만 대안적인 방법으로 스스로 극복하고 있을 수도 있다. 그리고 그것을 당연한 것이라고 생각하고 있을 수도 있다. 또 어떤 경우는 기술적으로 불편이 해결될 수 있다는 사실을 모르고 불평을 하지 않을 수도 있다. 그래서 직접 물어보는 것이 아니라 그들의 삶을 들여다보고 '직감'을 얻어야 되는 것이다.

스티브 잡스는 "직감이 지식보다 더 중요하다("Intuition is a very powerful thing, more powerful than intellect")"고 말했고, 아인슈타인은 "직관적인 마음은 신성한 선물이고 이성적인 마음은 충실한 하인이다("The intuitive mind is a sacred gift and the rational mind is a faithful servant")"라고 했다. 직감은 멀리 있지 않고 고객에 있다. 그들이 정답을 말해주지는 않는다. 하지만 고객을 만나보면 기회를 직접 볼 수 있다.

♦ 열린 질문을 하라

직감은 어느 날 갑자기 떠오른 아이디어를 의미하는 것은 아니다. 고객을 만나 그들이 어떤 점을 불편해하는지, 왜 그 불편을 감수하면서 현재의 제품과 서비스를 사용하고 있는지를 파악해야 한다. 그것을 알아내기 위해 그들을 만나 이야기를 나눠보고 관찰해야 한다. 고객과 만나 이야기를 나눌 때는 열린 질문(Open question)을 해야 한다. 열린 질문은 고객이 직접 주관식으로 답을 하는 질문이다. 이와 반대되는 개념은 닫힌 질문(Closed question)이다. 닫힌 질문은 "네", "아니요" 또는 A, B, C, D 중에서 선택한다든지, 좋은지 싫은지를 답하는 질문을 던지는 것이다. 열린 질문을 통해 리드 고객의 니즈, 원츠, 열망를 파악해야 한다. 열린 질문을 할 때는 다음의 4가지를 주의해야 한다.

첫 번째, 그들의 삶의 가치관, 라이프스타일을 들을 수 있는 질문을 해야 한다. 마음이 급해 바로 제품과 서비스에 관한 질문을 하게 되면 그들이 어떤 삶의 가치관과 상황 속에서 왜 그런 제품과 서비스를 쓰게 되었는지를 파악할 수 없다.

두 번째, 답을 묻지 말고 '왜(Why)'를 물어봐야 한다. 숨겨져 있는 고객의 니즈와 불만(pain point) 파악하기 위해서는 문제의 본질을 찾아야 한다. 이를 위해서는 왜 그런 선택을 했는지, 왜 그런 행동을 했는지, 왜 좋다고 생각하는지, 반대로 왜 안좋다고 생각하는지 등 문제의 이유에 집중해야 한다.

세 번째, 영상, 사진, 녹취를 기록해야 한다. 고객과의 대화에는 많은 사람이 같이하기 힘들다. 1명을 놓고 10명이 둘러앉아 질문한다고 생각해보면 바로 이유를 알 수 있을 것이다. 인터뷰 자리가 취조의 자리가 되어서는 안 되고 솔직하게 이야기를 나누는 분위기가 되어야 한다. 많은 멤버들이 그 자리에 같이할 수 없으므로 고객과의 기록을 남기는 것이 중요하다. 고객의 답변만이 아니라 어떤 앞뒤의 맥락에서 그런 답을 했는지가 중요하기 때문에 요약된 보고서가 아닌 기록을 남겨 조직원들과 공유해야 한다.

네 번째로는 고객 인터뷰를 마치면 멤버들과 해석의 시간을 가져야 한다. 고객과의 대화는 객관식 문제를 묻는 것이 아니기 때문에 인터뷰한 내용의 해석이 다양할 수 있다. 그렇기 때문에 멤버들과 해석하는 시간을 가지면서 서로의 의견을 모아봐야 한다. 해석의 시간을 가지면서 내가 미처 보지 못한 인사이트를 다른 멤버가 보거나 서로 해석이 다른 부분에 대해 토의를 하며 고객에 대한 이해를 높일 수 있게 된다.

✦ 고객의 삶 속으로 들어가라

고객 20명을 만났다면 이들 중 최소 4명에서 8명 정도를 선정해서 고객의 삶 속에서 깊이 있는 관찰 조사를 이어가야 한다.

그러면 대화를 통한 인터뷰보다 더욱 선명한 직감을 얻을 수 있다. 각 유형별로 1명씩을 만나 총 4명을 선정해도 좋고, 각 유형별로 2명씩을 만나 총 8명을 선정해도 좋다. 고객의 삶을 관찰 조사한다는 것은 고객이 제품과 서비스를 구매하고 사용하는 상황 전반을 살펴보는 것을 의미한다. 리드 고객의 집이 될 수도 있고, 카페가 될 수도 있다. 제품과 서비스를 가장 많이 쓰는 장소를 선정해서 어떻게 제품을 사용하는지, 서비스를 이용하는지를 보면서 인터뷰를 진행해보면 고객의 입장과 상황을 공감할 수 있게 된다.

관찰을 넘어 함께 활동에 참여하는 방법도 추천한다. 내가 최근 스마트 워크를 주제로 리서치할 때, 리드 고객 유형 중 디지털 아트를 판매하는 사람이 있었다. 나는 직접 만나 어떤 단계로 그림을 그리고 판매까지 하는지 보면서 어떤 기기들을 연결해서 사용하는지, 아날로그 방식으로 붓으로 그린 그림을 어떻게 디지털로 옮기는지를 관찰했다. 이때 고객이 느끼는 불편한 점들을 질문을 통해서는 알지 못했지만, 관찰 조사를 하면서 파악할 수 있었다. 사실 고객은 아날로그 방식으로 그린 그림을 디지털로 옮기는 것이 불편하다고 인터뷰에서 말하지도 않았었다. 관찰 조사를 할 때도 열린 질문의 인터뷰를 할 때와 마찬가지로 모든 정보를 사진, 영상, 녹취로 기록해 놓아야 한다.

♦ 20명의 고객에 투자하라

20명이라는 숫자가 너무 적다고 느낄 수도 있고, 언제 20명을 다 만나보나 생각할 수도 있다. 20명이 너무 적다고 생각하는 사람들에게 이렇게 말해주고 싶다. 실제 직접 만나는 사람은 20명이지만, 우리는 이미 고객을 만나기에 앞서 메가 트렌드로 시대의 흐름을 파악한 상태이며, 만나는 고객은 일반 고객이 아니라 변화를 주도할 리드 고객이다. 이들의 영향력은 일반 고객과 달라 숫자로 판단할 수 없다. 반대로 20명을 만날 시간이 없다고 생각하는 사람들에게는 실제 20명 정도는 1~2주 시간을 투자하면 만날 수 있음을 강조하고 싶다. 그리고 이 20명은 상품의 첫 고객이 될 가능성이 높은 사람들이다. 조사를 하면서 실제 나의 상품을 구매할 고객이 될 수도 있고, 자발적으로 블로그에 홍보해 줄 고객을 얻게 될 수도 있는 것이다. 이 정도의 시간과 비용 투자로 직감을 얻을 수 있다면 잃는 것보다 얻는 것이 많을 것이다.

고객 페르소나를
상세히 만들어라

♦ 정의했다고 믿고 있는 정의되지 않은 고객

고객을 만나보고 그들의 삶의 모습에서 니즈, 원츠, 열망을 파악했다면, 이제는 타깃이 되는 고객을 정의하면 된다. 지금까지 여러 프로젝트를 해왔지만 상품을 누구에게 팔 것인지 구체적으로 정의해 놓은 경우는 의외로 많지 않다. 대부분의 기업에 물어보면 고객이 정의되어 있다고 답할 것이다. 20대 젊은 여성, 운동을 해서 건강해지고 싶은 직장인, 가족들과 즐길 수 있는 공간, 30대 아이와 쇼핑과 라이프스타일을 즐기고자 하는 맘 등 대부분 이 정도로 대답한다. 어떤 경우는 "MZ 세대를 고객으로 만들고 싶다", "트렌디한 젊은 사람들을 고객으로 만들고 싶다"라고 대답할 뿐이다.

이 정도의 대략적인 정의는 업계 어떤 경쟁사에게 물어도 똑같이 대답할 만한 고객 정의이다. 내가 의미하는 정의는 고객에 대한 상세한 묘사이다. 묘사된 고객의 설명만 들어도 경쟁사와 다른 어떤 차별화로 또는 혁신으로 제품과 서비스를 포지셔닝하려고 하는지 알 수 있어야 한다.

♦ 페르소나로 고객을 생생히 묘사하라

고객을 상세하게 묘사하는 방법으로 '페르소나(Persona)' 기법을 소개하고자 한다. '페르소나'는 '퍼소나'라고도 부르기도 하는데, 고대 그리스 무대에서 배역들이 썼던 가면을 지칭한다. 심리학적으로는 타인에게 파악되는 자아를 의미한다. 고객을 묘사는 기법으로서의 페르소나는 제품 디자인, UX 디자인에서는 널리 쓰고 있는 기법으로, 제품과 사용자 인터페이스(UX)를 사용할 고객을 가상으로 만드는 것이다. 요즘에는 디자인 업계에서만이 아니라 마케팅, 브랜딩, 경영으로 그 활용이 넓어지고 있다.

페르소나 기법은 리서치 자료를 바탕으로 주요 고객을 설명하는 상세한 모델을 설계하는 것이다. 대부분의 책에서는 페르소나 기법은 가상의 인물을 만드는 것이라고 설명하지만, 나는 페르소나가 트렌드 조사는 물론이고, 직접 만나본 고객 리서치를 바탕으로 만드는 것이므로 가상보다는 실제와 가상의 중간 정도인 반가상(semi-fiction)의 인물을 만드는 것이라고 설명하곤 한다. '가상이냐 반가상이냐가 무슨 큰 차이가 있나?'라고 반문할지도 모르지만, 사실 매우 큰 차이가 있다. 가상으로 만든다고 하면 현실에서 보기 드문 광고 모델과 같은 사람으로 묘사하는 경우를 종종 본다. 가상이라고 하니 정말 상상으로 만들어낸 타깃 고객을 단순히 기획서나 전략서의 장표를 채우기 위한 정도로 만드는 경우가 많다. 그래서 가상이 아닌 반가상이라고 하는 것이다. 페르소나는 현실에 있을 법한, 실제로 그러한 고객으로 존재할 만한 사람, 그리고 앞에서 구분한 고객 유형을 대표할 만한 사람이어야 한다.

페르소나는 비즈니스 현장에서 조직 구성원에게 프로젝트 타깃에 대한 공통 이해를 갖게 해주는 효과적이고 강력한 커뮤니케이션 도구이다. 페르소나가 있는 것만으로도 모든 조직원들과 기업의 타깃 고객이 누구인지 알 수 있고, 한 방향으로 고민을 해결해 나갈 수 있다.

페르소나를 만드는 활동은 기업이 만들고자 하는 상품의 혁신 포인트와 경쟁사와의 차별점의 힌트가 담겨 있는 자료를 만드는 것과 같으므로 중요한 활동으로 인지해야 한다. 〈표5 룰루레몬의 요약된 고객 페르소나 사례〉는 룰루레몬(Lululemon)의 설립자가 〈뉴욕타임스〉 잡지에 소개한 타깃 고객 페르소나다. 룰루레몬의 여성 고객과 남성 고객의 페르소나 내용을 보면 페르소나가 무엇인지 감을 잡을 수 있을 것이다. 물론 이 페르소나는 매우 요약된 내용으로, 실제 기업 내부에 좀 더 상세한 묘사가 있을 것이다. 그러나 이 정도의 정보로도 그들의 고객이 나이키의 고객과 어떻게 다른지 이미지를 떠올릴 수 있다. 또한 룰루레몬의 페르소나 정보를 통해 그들의 타깃 고객만이 아니라, 어떤 이미지의 스포츠웨어 브랜드를 추구하는지, 어떤 혁신 제품을 만들려고 하는지도 알 수 있다. 그만큼 페르소나는 기업의 디자인만이 아니라, 전략, 상품 기획, 개발, 마케팅, 영업 부서 등 여러 조직에 유용하게 쓰일 수 있다.

○ 〈표5 룰루레몬의 요약된 고객 페르소나 사례〉

룰루레몬 여성 고객 페르소나	룰루레몬 남성 고객 페르소나
이름 : 오션(Ocean) 32세 전문직 싱글 여성 연봉 $100,000	이름 : 듀크(Duke) 35세 연봉 $100,000 이상
• 약혼한 남자친구 있음 • 본인 명의의 콘도미니엄이 있고 종종 여행을 떠남 • 하루 1시간 30분가량 운동함 • 패셔너블함	• 운동을 즐김 • 기회를 놓치지 않는 열정적인 성향 • 여름 주말엔 서핑, 겨울 주말엔 스노보드를 즐김 • 좋은 품질이면 기꺼이 지불함

* 출처 : Chip Wilson, Lululemon Guru, Is Moving On,
New York Times Magazine, By Amy Wallace, Feb, 2, 2015

♦ 4가지 핵심 페르소나 구성 요소

페르소나를 묘사할 때는 고객의 프로필, 가치관, 라이프스타일, 취향 등을 포함하면 된다. 페르소나를 만드는 작업은 창의적인 작업으로 리서치한 자료를 기반으로 머릿속에 고객의 모습을 떠올리며 상상을 해야 작성할 수 있다. 내가 페르소나를 만들 때 쓰는 팁은 여러 사람의 사진을 검색해보는 것이다. 사진들을 보면서 '내가 타깃으로 삼으려는 고객이 이런 모습일까?'를 스스로 질문해본다. 이 방법을 사용하면 페르소나를 묘사하는 데 좀 더 용이할 것이다.

첫 번째 구성 요소인 프로필은 이름, 나이, 직장, 연봉, 거주지, 학력과 같은 고객의 전반적인 정보이다. 프로필 정보에는 고객의 모습을 담은 사진을 포함한다. 생각보다 매우 구체적인 정보를 작성해야 된다. 프로필에 포함한 하나하나의 정보를 작성하려면 고객에 대한 깊이 있는 고민 없이는 할 수가 없다.

두 번째 작성해야 되는 정보는 고객의 삶에 대한 가치관이다. 말 그대로 어떤 가치관을 가지고 살아가는 사람인지를 설명하는 것이다. 〈표5〉의 룰루레몬 사례에서 보면 여성 페르소나인 '오션'은 독립적이고 자신의 삶에 적극적이면서도 여유를 즐기며 영감을 얻고자 하는 고객임을 알 수 있고, 남성 페르소나인 '듀크'는 기회를 놓치지 않고 쟁취하려는 열정적인 사람으로 묘사되어 있다.

세 번째, 라이프스타일에는 일상 활동, 주말에 무엇을 하고 주중에는 무엇을 하는지 등을 담는다. 하루하루를 모두 설명할 필요는 없지만 페르소나 설명을 읽고 고객이 어떤 생활을 하는 사람인지 알 수 있을 만한 정보들을 담으면 된다. 룰루레몬의 사례에서 오션은 건강한 몸매를 유지하고 건강한 마인드를 유지하기위해 매일 운동을 한다. 콘도가 있어 충전이 필요할 때 혼자 또는 친구들과 시간을 보낸다. 조금 더 시간이 날 때면 여행을 즐긴다. 듀크는 일에 대한 열정도 높지만 주말에는 친구들과 스포츠를 즐긴다. 다양한 스포츠를 좋아하고 새로운 스포츠에 도전하기도 하는 사람으로 묘사되고 있다.

네 번째, 취향은 좋아하는 브랜드나 사용하고 있는 제품과 서비스, 구매 시 가지고 있는 기준점과 같은 소비 성향을 묘사한다. 오션이라는 여성 고객은 패셔너블한 것이 중요해, 다른 사람들이 다 입는 그런 스포츠웨어가 아닌 자신의 패션 취향에 맞아야 될 것이다. 오션의 사진을 보면 튀지는 않지만 감각이 있는 디자인을 선호하는 것으로 보인다. 듀크도 매우 외향적이고 품질을 무척 중요하게 생각하므로 기능적인 면도 충족이 되어야하고 품질 좋은 소재와 함께 스타일리시한 제품을 선호할 것이라는 것을 유추할 수 있다.

이 정도의 정보로도 타깃으로 삼는 고객이 어떤 모습인지, 어떤 성향의 사람인지, 어떤 제품과 서비스를 필요로 하는 사람인지 떠올릴 수 있을 것이다. 조금 더 뚜렷한 묘사를 위해 페르소나 묘사 장표에 꼭 고객의 사진을 같이 담는다. 고객의 모습은 물론이고 가지고 다닐 만한 물건, 사는 집의 사진을 추가할 수도 있다. 목적은 타깃으로 하는 고객의 모습을 조직원들과 공감하기 위함이므로 이에 필요한 정보와 사진을 찾으면 된다. 주요 구성 요소 4가지를 설명했지만, 이 외에도 성격, 제품과 서비스의 사용 행태, 불편 사항, 좋아하는 브랜드나 선호하는 제품과 서비스 정보를 담아도 된다.

[페르소나 구성 요소]

1. 프로파일(Profile) : 이름, 나이, 직장, 연봉, 거주지, 학력, 고객의 모습을 담은 사진

2. 가치관(Life Value) : 삶에 대한 가치관과 목표, 가치 있게 생각하는 것

3. 라이프스타일(Lifestyle) : 일상 활동, 주중과 주말에 하는 활동

4. 취향(Taste) : 좋아하는 브랜드, 사용하는 제품 및 서비스, 소비 성향

- 기타 상세 정보: 성격, 사용 제품과 서비스, 불편 사항, 좋아하는 브랜드나 제품, 서비스 등

♦ 잘 만들어진 페르소나란

핀란드에서 석사를 할 때 사용자 행태 연구분야에서 유명한 투르카 케이노넨(Turkka Keinonen) 교수님은 잘 작성된 페르소나의 기준에 대해 이야기해주었다. 그 말씀이 아직도 잊혀지지 않는다. 교수님이 말씀해주신 잘 작성된 페르소나는, 페르소나를 읽고 나서 그 고객이 특정 상황에서 어떠한 의사결정을 할지를 유추할 수 있어야 한다고 했다. 예를 들어, 어느 날 아침 출근 시간에 늦을 것 같으면 지하철역에서 내려 뛰어갈지, 늦었지만 걸어갈지, 계단으로 갈지, 긴 줄의 에스컬레이터를 기다려서 탈지 등을 말할 수 있어야 한다고 했다.

물론 묘사된 페르소나에는 이와 같은 정보는 전혀 없다. 하지만 페르소나에 설명되어진 프로필, 가치관, 라이프스타일, 취향을 기반으로 출근길 상황에서 어떤 선택을 할지 유추할 수 있는 생생한 정보가 필요하다는 의미이다. 룰루레몬 사례를 다시 한 번 보면, 오션과 듀크라는 페르소나가 나이키에 만족하고 있는 것 같은가? 아마 아닐 것이다. 룰루레몬의 제품이 더 잘 어울린다는 것을 알 수 있다. 페르소나를 생생하게 묘사해 놓으면, 물론 페르소나 설명을 작성하는 것이 쉽지만은 않겠지만, 이 고객이 만족할 만한 제품이나 서비스 기획이 훨씬 수월하고 조직원과도 같은 타깃 고객을 연상하며 논의할 수 있을 것이다.

설명한 페르소나 만드는 방법은 리드 고객의 모습을 묘사하는 것이다. 룰루레몬의 페르소나가 대중적이지 않다고 느낄 수도 있다. '연봉 1억이 넘는 사람이 몇이나 되겠는가?', '저런 라이프스타일을 가진 사람이 얼마나 있겠는가?'라고 의문을 갖는 사람도 있을 것이다. 그러나 지금 설명하고 있는 고객은 일반 대중이 아니라 리드 고객을 타깃으로 하는 전략이다. 오션과 듀크와 같은 리드 고객이 룰루레몬 옷을 입고 운동을 한다고 하면 친구들도 그들의 옷에 관심을 가질 것이다. 친구들만이 아니라 그들의 모습을 본 사람들의 시선을 끌 수도 있어 보인다. 그래서 리드 고객을 페르소나로 묘사하는 것은 그들만 타깃 고객으로 한다는 의미가 아니라 그들을 선망하는 사람들까지 고객으로 만드는 것을 목표로 한다는 것을 다시 한번 강조하고자 한다.

고객 접점의 틀을 깨라

◆ 고객 삶 속에서 접점을 찾아라

고객과의 접점을 MOT(Moment of Truth)라고 부른다. 지금까지의 고객 접점은 하드웨어, 소프트웨어, 휴먼웨어로 고객 접점을 어떻게 구성할지에 대한 설계였다. 즉, 브랜드가 고객과 접하는 하드웨어적 요소인 상품, 매장, 시설, 주차장, 편의시설 등과 소프트웨어적 요소인 대기, 매장 동선, 서비스 프로세스, 그리고 휴먼웨어적 요소에 속하는 고객을 대하는 태도, 표정, 청결, 인사와 같은 것들을 어떻게 디자인하고 구성할지를 일컫었다.

그러나 지금은 비즈니스 환경이 달라졌다. 고객들은 이제 매장을 방문하기 전 모바일 인터넷으로 기업의 제품과 서비스를 미리 검색한다. 즉, '발견' 단계를 미리 경험하는 것이다. 제품이나 서비스를 경험하고 난 뒤에 고객이 쓰는 후기 등도 매우 중요해졌다. 이같이 달라진 대내외 환경 속에서 기업들은 접점을 잘 설계하고 관리해야 할 필요성도 그만큼 커졌다.

여기서는 이에 더해 접점의 틀을 넓게 보는 관점에 대해 얘기하고자 한다. 발전한 인터넷과 IT 기술로 새로운 개념의 접점이 나타났다. 이제는 검색을 통해 정보를 얻는 것을 넘어 고객의 삶 속에 접점을 만들 수 있게 되었다. 나이키의 런클럽 앱과 미국의 기타 제조사 펜더의 비기너(Beginner) 프로그램 사례를 통해 우리 삶 속에 침투한 접점에 대해 설명하고자 한다.

◆ 나이키, 접점을 통해 운동 습관을 만들어주다

나이키는 매장에서의 접점도 잘 설계되어 있지만, 이 중 고객의 삶에 가장 가까이 다가와 있는 접점은 나이키 런클럽(NRC, Nike Run Club) 앱과 나이키 트레이닝 클럽(NTC, Nike Training Club) 앱이다. 나이키 런클럽은 조깅을 위한 앱이고 트레이닝 클럽은 코어 강화, 근력 운동, 요가 등의 다양한 운동을 제공하는 앱이다. 두 개 앱은 모두 운동을 습관화하고 효과적으로 할 수 있게 도와준다.

런클럽 앱을 통해 다양한 러닝 프로그램 중 자신에게 맞는 프로그램을 선택해서 러닝을 즐길 수 있다. 초보자에 맞는 프로그램이나, 러닝을 좀 더 즐겁게 할 수 있도록 도와주는 프로그램,

실력을 향상시켜주는 프로그램, 마라톤을 준비하는 사람들을 위한 프로그램 등 다양한 프로그램을 본인의 목적에 맞게 선택할 수 있다. 런클럽은 단순한 앱이라기보다 내 손 안에 있는 코치에 가깝다. 달리는 페이스(Pace), 루트(Route), 거리, 심박 등의 운동 관련 정보를 상세하게 기록해 주어 개인의 실력이 향상되고 있는 정도를 수치 데이터와 그래프, 지도 등의 다양한 정보 형태로 볼 수 있다. 실력이 늘거나 꾸준히 운동을 하면 레벨업이 되어 게임을 하는 것과 같은 재미 요소를 주고 있다. 친구들과 챌린지를 할 수도 있어, 경쟁심을 자극하기도 하고, 함께하는 즐거움을 주기도 한다. 7개의 레벨로 되어 있는데 게임의 레벨 올리는 듯한 느낌을 주면서 또 다른 동기부여 요소가 된다. 러닝을 할 때는 음성을 통해 마치 코치나 친구처럼 가이드도 해준다. 구매한 운동화 모델을 입력해 운동화별 기록, 주행거리도 볼 수 있어 운동화에 대한 애착을 만들어 주기도 한다. 이 외에도 꾸준히 동기부여를 해주는 기능들이 곳곳에 있다.

나이키는 이 앱을 통해 운동을 꾸준하게 할 수 있도록 도와주는 역할을 해주면서 고객의 삶에 자연스럽게 녹아든 접점을 형성하고 있다. 삶 속에 녹아든 접점의 거리는 제로(숫자 0)나 다름없다. 고객이 매장을 찾아가게 하는 것도 아니고 웹사이트를 방문하게 하거나 광고에 노출되게 하는 기존의 마케팅 방식과는 다르다. 고객 스스로 필요하면 언제든 앱을 열어서 운동을 할 수 있다. 운동이 습관화되었다면 매일이 될 수도 있다. 기업과 고객, 누가 서로에게 다가가려고 노력하느냐의 주체가 바뀐 것이다.

나이키 런클럽과 같은 앱은, 고객 스스로가 좋은 운동 습관을 기르기 위해 오히려 매일 앱을 쓰려고 노력한다. 즉 기존에 기업이 다가가려고 노력하는 것이 아니라 반대로 고객이 다가가려고 노력하게 된다. 기존의 마케팅은 고객들에게 무언가를 사게 하려는 상술이라는 인상을 주지만, 이 앱은 판매를 위해 만든 앱이라고 느껴지지 않고 나에게 좋은 습관을 만들어주는 앱으로 느껴진다.

♦ 펜더, 고객 접점 혁신으로 평생 고객을 만들다

펜더(Fender)는 유명한 전자기타 생산 기업이다. 일반인들에게 생소할 수 있겠지만 라이벌 기업인 깁슨(Gibson)과 함께 전기 기타의 양대산맥을 이루고 있다. 일반적으로 '일렉트릭 기타'를 생각하면 떠올리는 디자인의 원형을 세계 최초로 만든 회사가 바로 펜더이다.

이 회사도 파산의 위기가 있었다. 뮤직 트렌드가 바뀌면서 기타 판매 감소로 힘들었던 펜더는 2015년 앤디 무니(Andy Mooney)를 CEO로 영입하고 새로운 돌파구를 찾게 된다. 그는 펜더 고객에 대한 이해를 하고자 고객 조사에 착수하였고 일렉트릭 기타를 구매하는 소비자가 남성 뮤지션일 것이라는 예상과 달리 50%는 여성이며, 프로 뮤지션은 10%도 채 되지 않는다는 사실을 알게 되었다. 또한 연간 기타 판매의 45%가 초보자이고 구매 고객의 약 90%가 3개월이 지나지 않아서 기타 연주를 포기한다는 사실을 알게 되었다. 반면 1년 이상 포기하지 않고 연주를 즐기는 고객들 중 약 10%는 평생 5개 이상의 기타를 구매하며 1만 달러 이상을 소비한다는 사실도 알게 되었다. 그러나 고객들은 장비보다 레슨에 쓰는 돈이 4배 더 많다는 사실도 리서치 데이터를 통해 알게 되었다.

이와 같은 정보들을 바탕으로 펜더는 초보 기타 연주자들이 오랫동안 흥미를 잃지 않고 평생 연주를 취미로 즐길 수 있는 접점을 만들어주는 것으로 해답을 찾았다. 2016년 웹사이트와 앱으로 튜닝을 할 수 있는 펜더튠(Fender Tune)을 출시하고, 2017년에는 펜더 플레이(Fender Play)라는 구독 기반의 온라인 동영상 교육 서비스를 출시했다. 코로나로 인해 온라인 구매가 증가하자 초보자의 온라인 구매 의사결정을 도와주는 비기너 허브(The Beginner Hub)를 홈페이지에 만들어 운영하고도 있다.

펜더는 고객이 제품을 사용하면서 어렵게 느끼는 고비들이 어디 있는지, 지속적인 고객으로 만들기 위해 방해되는 요인은 무엇인지 파악을 통해 기타 연주를 평생의 취미로 자리 잡을 수 있도록 펜더튠, 온라인 교육 서비스와 같은 접점들을 만들었다.

고객의 삶 속의 접점을 통해 펜더는 더 넓은 고객층을 만들 수 있었고, 오래도록 고객과의 관계를 이어갈 수 있는 가교도 만들었다. 기존의 고객 접점의 틀을 깨지 못하고 어떻게 제품을 더 많이 팔지만을 고민했다면, 또는 펜더튠, 온라인 교육 서비스를 제공하는 것이 자신의 역할이 아니라고 결정했더라면 펜더는 지금까지 그 명성을 이어가지 못했을 것이다.

♦ 제품 사용을 넘어 고객의 경험 전체 여정을 보라

지금까지는 서비스를 제공하는 기업은 접점을 매장과 웹사이트와 같이 판매처를 중심으로, 제품을 만드는 제조사는 제품의 구매 전, 사용 중, 사용 후와 같은 제품 중심으로 접점을 보았다. 앞으로는 고객 중심으로 어떻게 고객의 삶에 가까이 다가가 실질적인 도움이 줄지, 이를 통해 어떻게 사업과 연결해서 지속성을 가져갈지를 고민해야 된다.

접점의 틀을 깨기 위해서는 비즈니스 리프레임에 맞게 업의 개념을 재정의한 내용을 바탕으로 고민을 시작해야 한다. 펜더가 자신의 업의 개념을 전자기타 판매로 정의했다면 펜더튠과 온라인 교육 서비스를 제공하지 않았을 것이다. 이와 더불어 고객이 기업의 지속적인 상품 구매를 방해하는 병목현상 (bottleneck)은 어디에 있는지, 고객이 어려움을 느끼고 힘들어하거나 기분이 상하는 접점은 어디인지에 대한 고객 이해가 필요하다.

이를 위해서는 고객이 제품이나 서비스를 구매하기 전부터 사용하는 상황, 그리고 그 이후에 어떤 어려움이 있는지 전체 '고객 경험 여정(Customer Experience Journey)'을 살펴봐야 한다. 펜더의 사례로 본 고객 경험 여정은 다음 〈표6〉과 같다. 〈표6〉은 펜더의 고객 경험 여정의 혁신 전과 후의 비교로 레슨에 돈을 많이 사용하면서 결국에는 이탈해 버리는 초보 기타 연주자를 평생 고객으로 만든 고객 여정이다. 고객 경험 여정에서 고객의 입장을 이해하기 위해 고객의 감정을 표현해 보면 도움이 될 것이다. 최대한 상세하게 고객의 감정을 표현해 보는 것을 추천한다. 어떤 접점에서 어려움을 느끼는지, 화가 나는지, 어쩔 줄 모르는 건지 등으로 말이다.

● 〈표6 펜더 고객 경험 여정 사례〉

고객 여정은 크게 상품을 경험하기 전 단계(Before), 제품과 서비스를 사용하는 경험 단계 (During)와 경험 후 단계(After)의 3개의 단계로 구분한다. 혁신 전의 고객 여정에 필요한 정보는 고객이 접하게 되는 접점과 그 접점에서 고객이 느끼는 감정과 니즈이다. 혁신 후의 고객 여정에는 바뀐 고객의 감정과 니즈 대신 솔루션을 담으면 된다.

혁신 전 펜더 고객 경험 여정

초보자의 경우 구매를 '고려'하는 단계에서부터 어려움을 느낀다. 구매 후, '사용 준비' 단계에서는 나에게 맞지 않은 제품으로 실망하기도 하고, 어떻게 튜닝을 해야 되는지 모르면서 당황하게 된다. '사용' 단계에서는 레슨을 하면서 어떻게 연주해야 되는지 배우게 되지만, 비싼 레슨 가격이나 레슨을 위해 시간을 내기 어려운 상황, 혼자 익히기 어려운 연주법 등으로 초기 좌절을 겪고 포기하게 된다. 이후 고객과 펜더의 관계가 끊어지고 재방문의 고리를 잃게 된다.

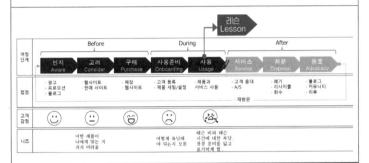

혁신 후 펜더 고객 경험 여정

'고려' 단계에서 비기너에게 맞는 제품을 찾을 수 있도록 가이드를 주었고, 구매 후 '사용 준비' 단계에서는 어떻게 튜닝을 하는지 '펜더튠' 앱을 통해 고객 스스로 튜닝을 할 수 있게 해주었다. '펜더 플레이' 프로그램으로 레슨을 통해 코칭 받을 수 있어 포기하는 비율을 줄이고, 이를 통해 재방문의 사이클 가능성을 높이게 되었다.

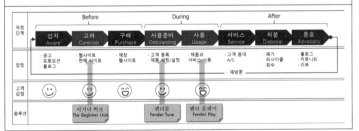

고객을
친구로 봐라

◆ 고객을 소비자로 보지 마라

리드 고객을 구분하고 페르소나도 만들어보았다면, 이제 그들을 더 이상 고객으로 보지 말아야 한다. 그들을 친구로 만들려면 어떻게 해야 하는가의 관점을 가지고 고민해봐야 한다. 여기서 의미하는 친구는 진짜 친구라기보다는 '어떤 유대감을 가지고 관계를 지속할지에 대한 대상'으로 보라는 의미이다.

소비자들의 의식 수준이 높아져 제품과 서비스의 만족을 넘어 기업의 철학, 비전, 경영 활동에 대한 평가를 한다. SNS의 발달로 누구나 자신의 생각과 의견을 표현할 수 있는 환경이 되었다. 고객은 이미 소비자의 역할만 하고 있지 않고 브랜드를 알리거나, 브랜드를 같이 만들어가는 공동 개발자(brand co-developer)

가 되고 있다. 기업도 이 측면에서 고객을 소비자로만 보지 말고 같이 브랜드를 만들어가는 친구로 바라봐야 한다. 고객에게 물건을 팔고 불만족 없게 만드는 것도 하나의 상호 작용이지만, 우리가 친구를 사귄다고 생각하면 친구에게 물건을 선물하고 잘 쓰고 있는지 확인하는 데에 그치지 않는다. 친구와의 관심사를 나누며 우정과 추억을 쌓는 것이 핵심이고, 어느 날 친구에게 필요한 물건이 있다는 것을 알게 되면 선물을 할 것이다. 기업과 고객의 관계도 마찬가지이다. 잘 쓰고 있는지 확인하는 것에 그친다면 관계도 거기에서 더 발전하지 않는다. 그래서 기업과 고객도 물건을 주고 끝나는 관계로 고객 프레임을 설정하면 안 된다.

지금까지 기업과 브랜드는 제품과 서비스를 제공하는 '공급자'의 역할을 해왔으나, 앞으로는 친구를 만드는 것처럼 서로 '공통 관심사를 가지고 같이 성장하는 관계'가 필요하다. 글로벌 리서치 기업인 가트너에서 2019년 조사한 바에 따르면, 74%의 고객이 제품 및 서비스뿐만 아니라 기업이 고객을 대하는 방식에서도 브랜드로부터 더 많은 것을 기대하는 것으로 밝혀졌다. 앞으로 74%라는 숫자가 더 커지면 커지지 줄어들 것 같지는 않다.

♦ 고객의 관심사에 따른 4가지 유형

설명에 앞서 내가 왜 친구와 같은 관계를 만들고 그들의 관심사가 무엇인지를 고민하게 되었는지에 대한 이유를 이야기하고자 한다. 이 고민을 하게 된 출발점은 컨설팅 프로젝트를 할 때마다 기업들이 고객의 재방문을 원한다는 것을 알게 되면서부터다. 특히 우리나라는 인구가 많지도 않고, 많지도 않은 인구인데 점점 줄고 있어 더욱 재구매와 재방문이 중요하다. 이뿐만이 아니다. 요즘 인터넷에는 비슷한 제품들이 너무 많다. 조금 잘 팔린다고 하면 옆 가게, 앞 가게 할 것 없이 비슷한 제품들이 깔린다.

게다가 우리나라같이 트렌드에 민감한 나라도 없다. 한 곳이 요즘 핫하다고 알려지면, 유행에 뒤처진 사람이 되지 않으려면 한 번쯤 가보고 인증 사진을 찍어와야 한다. 그러다가도 시간이 조금 지나 새로운 곳이 뜨면 언제 그랬냐는 듯이 새로운 곳으로 사람들이 몰려간다. 그래서 한 번의 방문, 한 번의 구매로 끝나지 않고 지속적인 관계를 만드는 방안에 대한 고민이 우리나라 시장 환경에서 더 절실하게 필요한 것 같다.

친구와 같은 관계를 만들기 위해서는 고객이 어떠한 관심사 (interest)를 가지고 있는지에 대한 이해가 필요하다.

옥스퍼드 사전에 따르면 '관심사(Interest)'의 사전적 정의는 이렇게 나와 있다.

"the state of wanting to know or learn about something or

someone"(무언가 또는 누군가에 대해 알고 싶거나 배우고 싶어하는 상태)

　나는 고객의 관심사를 4가지 유형으로 구분하여 설명하고자
한다. 학문적으로 검증된 내용이라기보다는 내가 만나본 고객
유형들을 크게 4가지 유형으로 구분해 본 것이다. 그래서 더 많
은 유형이 있을 수도 있고 더 세분화된 유형이 있을 수도 있지만
큰 틀에서 이 4가지 유형에 대부분 속할 것이다.

　4가지 유형은 첫째, 취향을 모으는 데 관심이 있는 사람, 둘
째, 지적 호기심이 많은 사람, 셋째, 가치관이 중요한 사람, 넷째,
자기 발전에 관심이 많은 사람이다.

◆ 브랜드 홍보대사 : 취향을 모으는 사람과의 관계

　가장 첫 번째 유형인 취향을 모으는 데 관심 있는 사람은 무엇
보다 다른 곳에 없는, 색다른 경험을 좋아한다. 내 취향이 남들
이 보기에도 근사해 보이길 바란다. 인증 사진을 찍고 누구보다
도 먼저 SNS 올리고 자랑하려는 속성의 사람들도 이 유형에 속
한다. 이들은 자발적인 홍보대사와 같은 사람들이다. 그래서 요
즘엔 인스타그래머블(Instagramable)한 콘텐츠가 중요하다. SNS
에 올릴 거리가 있어야 회자가 될 수 있기 때문이다.

　그러나 취향을 모으는 사람들에게 사진을 예쁘게 찍는 것만
중요한 것은 아니다. 다른 곳에 없는 색다른 제품과 서비스를 제

공해 주더라도 한 번이면 싫증이 날수도 있어 지속적인 흥미를 제공해야 한다는 부담도 있다. 예전에는 예쁜 사진을 올릴 수 있게만 해줘도 그런대로 괜찮았다. 그렇지만 고객의 소비 취향은 점점 더 세련되어지고 수준이 높아지고 있다. 이런 점에서 호주 스킨케어 브랜드 '이솝(Aesop)'은 매우 스마트한 고객과의 소통 전략을 가지고 있다. 놀라운 점은 고객과 소통을 잘하는 데 실제 이솝은 광고를 하지 않는다는 것이다. 광고를 하지 않지만 이솝 브랜드는 다양 콘텐츠로 고객 스스로가 브랜드의 홍보대사가 되게 만든다.

이솝 브랜드의 매장은 그 자체로도 유니크하고 매장 내에 다양한 콘텐츠가 있다. 이솝의 매장은 지역의 특징을 살린 인테리어를 제공하여 볼거리를 선사한다. 어디든 가도 똑같은 브랜드 매장과는 다른 전략이다. 이런 매장 전략은 매장의 위치 선정에서부터 시작된다. 이솝은 매장 주변의 문화와 환경을 고려해 현지 디자이너와 아티스트들의 협업하여 지역적 특성과 잘 어울리는 매장을 디자인한다. 매장의 위치는 고객에게 흥미를 줄 수 있는 곳을 선정한다. 이솝은 매장 위치 선정 시에 인근에 서점과 꽃집, 예술적 공간이 있어야 매장을 열 수 있다는 원칙이 있다. 전 세계의 이솝 시그니처(Signature) 매장 직원들이 고객들에게 스토어 근처의 맛있는 레스토랑이나 훌륭한 작품을 전시하는 공간 등 예술과 문학에 대한 조언을 할 수 있도록 교육한다.

이뿐만이 아니라 매장 곳곳에 유명한 격언들을 새겨 놓기도 한다. 홈페이지에는 '읽기'라는 카테고리가 있다. 이 카테고리 안에는 아티스트, 공예가, 작가, 시인 등 명사들의 작품 소개, 인터뷰 내용, 에세이 등 고객의 삶에 인사이트를 주는 3분, 5분, 7분 단위의 스토리가 있다. 격언과 스토리는 기업의 철학을 담고 있는 내용들로 고객들로 하여금 브랜드의 철학이 진정성 있게 느껴지게 해준다.

이솝의 사례에서와 같이 취향을 모으는 사람들의 근본적인 목적은 자신만의 취향을 모으는 것이지 사진을 찍어 올리는 데 있는 것이 아니다. 취향을 다양한 방식으로 콘텐츠화하여 그들이 꾸준히 찾을 수 있도록 하는 것이 핵심이다. 나는 한 가지 시그니처 상품으로 차별화하는 것은 앞으로는 유지가 힘들다고 본다. 브랜드 관련한 스토리를 콘텐츠화하여 카피가 어려운 특별한 브랜드가 되어야 한다. 그리고 그 방법은 제품으로만 고민하지 말고, 매장 위치, 주변 환경, 지역 특성, 기업의 철학 등을 모두 콘텐츠화 할 수 있다는 넓은 범위에서 접근해야 한다. 좀 더 자세한 이솝의 사례는 4장에서 설명하겠다.

◆ 브랜드 전문가 : 지적 호기심이 많은 사람과의 관계

두 번째 유형인 지적 호기심이 많은 사람은 하나의 사물(제품,

서비스)도 다양한 관점의 설명과 스토리텔링에 흥미를 느낀다. 상품에 대한 설명만이 아니라 그 안에 어떤 기술이 어떻게 쓰였는지, 또한 어떻게 만들어지게 되었는지와 같은 기업의 스토리에도 관심이 높다. 여기까지 보면 취향을 모으는 사람과도 유사해 보인다. 그러나 이들의 특징은 자신이 습득한 지식을 다른 사람과 소통하고자 한다는 데에 있다.

이들은 자신이 발견한 지식을 다른 사람들이 알게 되고 도움이 되었을 때 보람을 느낀다. 앞서 설명한 취향을 모으는 사람들이 '브랜드 홍보대사'라면 지적 호기심이 많은 사람들은 '브랜드 전문가'이다. 브랜드 전문가가 브랜드 홍보대사들이나 대중 고객들에게 지식을 충족시켜주는 역할을 하는 사이클이 그려진다. 이 전문가들은 고객의 질문에 대해 기업의 VOC에 응대하는 직원보다도 더 전문적인 대답을 할 수 있다. 이런 사람들이 있을까 싶지만, 많지는 않아도 이들은 기업 입장에서 매우 중요하다. 직원만큼이나, 어떤 경우는 직원보다도 높은 전문 지식으로 영향력을 발휘한다. 인플루언서들이 이와 같은 유형일 수도 있지만, 인플루언서들은 다양한 브랜드를 대상으로 하기 때문에 나의 브랜드만의 전문가는 아니다. 인플루언서들과 같은 영향력 있는 사람들을 나의 브랜드 전문가로 만드는 것이 필요하다. 그래서 먼저 리드 고객 중에서 지적 호기심이 많은 사람을 찾아내는 것이 무엇보다 중요하다.

최근 많은 기업들이 인플루언서를 적극적으로 활용하고 있다. 하지만 앞서 언급했듯이, 이들은 기업이 선정한 것이지 자발적인 한 브랜드의 전문가는 아니다. 따라서 자발적인 브랜드의 전문가로 성장시키는 시스템을 만들어야 된다. 자발적인 브랜드의 전문가를 잘 육성하고 있는 사례로 애플의 커뮤니티가 있다.

애플은 기업 홈페이지에 애플 서포트 커뮤니티(Apple Support Community)를 운영하고 있다. 애플 서포트 커뮤니티는 수백만 명의 자발적인 브랜드 전문가들이 대중 소비자를 지원, 조언 및 제품 팁을 구할 수 있는 곳이다. 이 커뮤니티에서 지적 호기심이 많은 사람들은 자신의 알고 있는 유용한 기능을 공유하고, 다른 고객이 제품 사용에 어려움을 겪는 부분을 질문을 하면 이에 대한 대답을 해줄 수 있다. 이들을 활성화하기 위해 10개의 레벨을 구분하고 레벨을 올라가기 위해 포인트를 쌓는 방식으로 운영된다. 물론 포인트만 주는 것이 아니라 다음 표와 같이 각 레벨별 혜택과 권한(Privilege)이 주어진다. 자신의 지식을 기꺼이 나누는 기여자들의 랭킹을 보드로 만들어 주간 톱 랭크 멤버, 지금까지 총 기여 랭크 멤버를 볼 수도 있다. 〈표7 애플 서포트 커뮤니티 (Apple Support Community)〉에서 활동별 포인트 운영 방식과 10개로 구분된 레벨 및 레벨별 혜택, 그리고 커뮤니티 기여자 순위를 어떻게 보여주고 있는지를 확인할 수 있다.

◎ 〈표7 애플 서포트 커뮤니티(Apple Support Community)〉

〈애플 커뮤니티 활동별 포인트 운영 체계〉

활동	적립 포인트
나의 질문이 "나도 이 질문이 있습니다" 표시를 받았을 때	사용자당 1포인트 (질문 당 최대 15포인트)
질문을 하기 작성	4점(한 번만)
다른 회원의 질문에 답변	8점(한 번만)
나의 답변이 "도움이 됨" 표시를 받았을 때	5점
나의 답변이 5명 이상으로부터 "도움이 됨" 표시를 받았을 때	5점
나의 답변이 "애플에서 권장"표시를 받았을 때	7점
나의 답변이 "내 질문이 해결되었습니다" 표시를 받았을 때	10점
커뮤니티 전화 회의에 참석(레벨 4 이상의 사용자용)	10점(매회)
나의 '사용자 팁'이 '좋아요' 표시를 받았을 때(레벨 5 사용자 이상)	10포인트(사용자 팁당 1회)
커뮤니티 모임에 참석(레벨 6 사용자 이상)	25점(매회)

〈애플 서포트 커뮤니티 레벨 및 혜택〉

레벨	포인트	혜택 및 권한
1	0	포인트 적립 시작
2	150	주제에서 벗어나거나 부적절하거나 불쾌감을 주는 토론이나 답변을 신고할 수 있음
3	500	사용자 지정 아바타 이미지를 업로드하여 모든 게시물과 함께 표시됨
4	1,000	• 애플의 익스클루시브(Exclusive) 뉴스 레터를 받아 볼 수 있음 • 내 구독 보기에서 더 많은 기능 정보를 얻을 수 있음
5	4,000	'사용자 팁'을 올릴 수 있음
6	8,000	• 아이디어 공유, 도움 요청, 새로운 콘텐츠에 대해 토론, 피드백을 교환할 수 있는 고급 회원 전용 공간인 '더 라운지(The Lounge)'를 이용 • 커뮤니티 모임 참석
7	20,000	
8	35,000	
9	50,000	
10	80,000	

*Apple.com November 10, 2021

〈애플의 기여자 순위 리스트〉

애플은 커뮤니티에서 기여가 높은 사람들을 주간 또는 종합 순위로 10위, 20위, 50위까지의 리스트로 볼 수 있다.

*Apple.com 2023년 6월 30일
https://discussions.apple.com/community/mac_os/photos_osx?atab=weekly&cnt=10

애플은 여기서 더 나아가 2023년 6월 '애플 커뮤니티 플러스 프로그램(Apple Community+ Program)'을 시작하였다. 애플 커뮤니티 플러스 프로그램은 커뮤니티에서 활발히 활동을 한 사람, 애플 브랜드에 긍정적인 영향을 준 사람, 전문적인 의견을 제시하고 새로운 솔루션을 개진한 사람들을 선정하여 시상을 하고 기여자들을 초대하는 프로그램이다.

애플은 지적 호기심이 많은 사람들에게 활동의 장을 마련해 주고, 더 나아가서는 그들의 활동을 인정해 주는 동시에 의미를 부여해주며, 애플 브랜드와의 유대감을 높이고 있다. 애플 사례에서와 같이 지적 호기심이 많은 사람들과 관계를 이어가려면 그들의 지적 활동을 인정해주고 명성을 올릴 수 있게 해주어야 한다. 그리고 그 명성이 보여지고 느껴지도록 해야 된다. 애플의 포인트 제도가 잘 만들어져 있는 것도 있지만, 레벨이 올라가면서 주어지는 혜택에서 자신의 명성이 올라가고, 이것이 단순히 포인트에 연연하는 모습이 아니라는 것이다. 아마 포인트 모으는 것에만 중점을 두었다면 지적 호기심이 많은 전문가를 유지할 수 없었을 것이다.

◆ 브랜드 후원자 : 가치관이 중요한 사람과의 관계

세 번째 유형, 가치관이 중요한 사람은 소비를 통해 기업과 자신을 동일화하고, 가치관이 같다고 느끼는 기업에 결속력을 느끼며 충성고객이 되는 사람들이다. 많이들 이와 같은 고객 유형이 친환경적 기업, 윤리적 기업, 다양성을 수용하는 기업을 지지한다고 알고 있다. 하지만 이는 일부 예이다. 이미 많은 대기업에서 언급한 활동들을 추진하고 있다. 이 정도로는 더 이상 그기업만의 가치관이라고 보기 힘들다. 이제 친환경, 윤리적 경영, 다양성의 수용은 기본적으로 해야 되는 활동으로 일반화되고 있다. 기업의 가치관을 중요시하는 사람들의 핵심은 '사회적 메시지를 내는 기업'을 지지한다는 것이다. 이들이 내는 사회적 메시지가 무엇인지 나이키와 스타트업들의 사례로 설명하고자 한다.

- **나이키**

나이키는 자신의 가치관을 보여주는 활동을 다각도로 하고 있다. 2019년에 여성 혐오 범죄와 미투 운동에서 시작된 여성들의 목소리가 사회의 주요 화두로 떠오르자 이 행보에 발맞춰 나이키는 사회적 억압과 고정관념으로부터 탈피하려는 여성들을 응원한다는 메시지를 전달하는 '2019 우먼스 저스트 두잇(2019 Women's Just Do It)' 마케팅을 진행했다. 우먼스 저스트 두잇 캠페인은 여성들의 주체적인 삶을 응원하며, 당당한 여성들을 지지한다는 내용을 담은 캠페인이다. '너라는 위대함을 믿어'란 캠페인 영상을 만들어 유튜브 1,000만 뷰를 기록했다. 우리나라 시장의 여성만을 대상으로 한 마케팅임을 보았을 때 1,000만 뷰는 높은 기록이다.

캠페인과 함께 '#위대한 챌린지'라는 디지털 챌린지 마케팅도 선보였다. 이 챌린지는 매주 제공되는 스포츠 과제를 본인의 인스타그램에 올리는 방식으로 진행됐으며, 참가자들의 누적 수에 따라 여성들의 스포츠 활동을 지원하는 여러 기업에 스포츠 브라를 기부하는 활동까지 이어졌다.

2020년에는 세계보건기구(WHO)가 코로나19를 공식적인 팬데믹(세계적 대유행)으로 선포한 3월 11일 직후 다 같이 사회적 거리두기(Social Distancing)'에 동참하며 어려운 상황을 집에서 운동을 하면서 이겨내자는 의미의 메시지를 보여주는 'Play inside, play for the world(세상을 위해 실내에서 운동하라)' 타이틀의 캠페인을 트위터와 인스타그램, 나이키 홈페이지에 게재했다. 이후 사회적 거리두기를 실천하며 집에서 운동하는 자신의 모습을 담아 SNS에 공유하는 해시태그 #playinside 챌린지가 시작되며 유명한 스포츠인들의 참여가 이어졌다. 나이키는 유명한 캠페인과 챌린지가 이 두 가지 외에도 많이 있다.

이 둘을 선정한 이유는, 이들이 이와 같은 마케팅을 성공시킬 수 있는 것은 나이키가 꾸준히 사회적 메시지를 내고 실제 캠페인 대상이 되는 사람들에게 후원을 하면서 진정성을 보이고 있기 때문이다. 그래서 실제로 가치관이 중요한 사람들과의 관계를 맺으려면 일회적 마케팅으로는 안 된다. 그 사례로, 질레트는 나이키와 마찬가지로 미투 운동이 시작되고 있는 시점에 맞추어 2019년 '당신이 될 수 있는 최고의 남성(The Best Men Can Be)'이라는 유튜브 광고를 내며 새로운 남성성을 제시했다. 그러나 결과는 나이키와 반대로 나왔다. 미투 운동이 시작되던 시점에 최고의 남성으로 바뀌라는 의미의 '당신이 될 수 있는 최고의 남성'이 되라는 메시지는 "모든 남성을 나쁜 사람으로 모는 것이냐"라는 분노를 사며 불매운동으로 이어졌다.

해당 영상은 2,200만의 높은 조회수를 기록하기는 했으나, 좋아요 60만, 싫어요 110만의 반응이 나왔다.* "시대 변화에 맞는 새로운 남성성을 선보였다"라는 긍정의 반응도 있었으나, "수십 년간 남성성을 부각한 광고를 만들어 놓고, 이제 와 남성성을 모욕하느냐"라는 부정적인 반응이 더 컸다. 지금까지 질레트가 전달한 가치관과 맞지 않는 메시지로 진정성이 보이지 않았기 때문이다. 그래서 가치관이 중요한 사람들과의 관계를 만들어가려면 기업은 꾸준히 일관된 자신의 가치관을 전달해야 되고, 그래야 고객에게 진정성 있게 받아들여질 수 있다.

- **델릭서**

나이키와 같이 글로벌 대기업만이 진정성 있는 사회적 메시지를 낼 수 있는 것은 아니다. 기업의 가치관을 전달하는 방식이 돈이 많이 드는 마케팅 캠페인만 있는 것도 아니다. 우리나라 액세서리 브랜드 '델릭서'는 수익금의 일부를 매달 유기동물 보호

---

* 《인사이트》 2019.01.20 (https://www.insight.co.kr/news/205640#gsc.tab=0)

단체에 기부하고, 델릭서의 CEO가 직접 유기동물보호소에서 봉사활동을 하면서 자신의 가치관을 실천하고 있다. '실천하는 가치소비'라는 슬로건은 시장의 호응으로 이어지고 있다. 이를 알아본 연예인들이 델릭서 제품을 착용하면서 '선한 영향력'도 전파됐다. 동물을 사랑하는 방탄소년단 멤버 정국이 지난해 3월 네이버 브이라이브(V Live)에서 착용한 팔찌가 유기동물을 후원하는 델릭서의 제품이라는 것이 이후에 알려진 것이다.

좋은 취지에 공감한 팬들의 구매가 이어졌고, 해당 팔찌는 품절 대란을 일으켰다. 2023년 1월을 기준으로 온라인 쇼핑몰 누적 회원 수는 지난해의 8배 이상으로 늘어났고, 델릭서의 가치를 응원하는 이들의 주문이 해외에도 이어지고 있다.[**] 가치관이 중요한 사람들은 그 기업이 제품을 팔려고 그때만 진행하는 마케팅인지, 아닌지를 단번에 알아차린다. 전달하고자 하는 메시지가 그 기업이 믿고 있는 바인지를 단번에 알아차리기 때문에 진정성이 중요하다.

이처럼 소비를 통해 기업과 자신을 동일화하고, 가치관이 같다고 느끼는 기업에 결속력을 느끼는 고객들은 기업들 입장에서

[**] 《시사저널》. 2022.12.10. 델릭서가 '세상을 움직이는 프로젝트'를 시작한 이유. (http://www.sisajournal.com/news/articleView.html?idxno=235308)

는 그대로 충성고객으로 이어지는 중요한 고객이다. 앞으로 좋은 이미지를 만들기 위한 보여주기 형태가 아닌, 가치관을 정립하고 가치관에 맞는 상품을 팔며, 기업의 메시지를 전달하는 '가치관이 중심이 된 경영'이 더 가속화될 것이다.

♦ 브랜드 협력자 : 성장하고 싶은 사람과의 관계

네 번째, 자기 발전에 관심이 많은 성장하고 싶은 사람들은 관심사가 비슷한 사람들과 소통을 추구한다. 전문가 레벨까지는 아니더라도 새로운 지식을 쌓고, 서로의 경험을 나누는 것을 즐긴다. 브랜드를 매개로 모인 관심사가 같은 사람들과 의견을 나누다 보면, 모인 사람들과 유대감도 생기고 대화를 통해 새로운 시각을 얻게 되면서 그 안에서 자신이 성장한다는 느낌을 받는다. 이들이 성장하고 싶다는 밑바탕에는 브랜드와 같이 성장하고 싶다는 것도 포함된다. 브랜드가 성장해야 같이 모인 사람들과의 관계가 지속되고 활동도 더 활발해질 수 있기 때문이다. 이들은 브랜드가 잘 되기 위해 어떤 활동을 해야 하는지에 대한 아이디어를 내기도 하고, 같이 그 아이디어를 실행해 나가는 것도 좋아한다. 기업의 입장에서는 이와 같은 사람들은 브랜드를 같이 성장시켜 나가는 브랜드의 협력자와도 같은 사람들이다.

뉴욕 브루클린(New York Brooklyn)에 있는 스케이트보드 판매

숍으로 유명한 KCDC라는 브랜드가 있다. KCDC는 스케이트보드를 포함해 보드 장비 및 강습, 의류를 판매하고 있다. 2001년 오픈한 KCDC는 사업 초기에 스케이트보더들이 창의적인 젊은 예술가들과의 교류를 원하고, 그들과 교류하면서 예술 활동을 함께하고자 한다는 것을 알게 되었다. KCDC는 커뮤니티를 만들어 예술 작품 전시, 음악 행사, 프로 스케이트보더들과의 만남, 스케이트 업계에서 떠오르는 예술가와 회사들과 함께하는 파티를 열며 창의적인 활동을 위한 클럽하우스로 발전시켰다. 그렇게 하여 KCDC는 고객들에게 필요한 물건을 판매하는 곳 이상의 의미를 갖게 되면서 유명해졌다.

최근에는 스타트업들이 사업 초기부터 고객을 대상으로 커뮤니티를 만들어 고객과의 관계를 만들어가는 사례들을 볼 수 있다. 프리미엄 비건 코스메틱 브랜드 '분코(Boonco)'는 '소셜 분코'라는 커뮤니티를 만들어 '분코' 브랜드가 추구하는 철학을 느낄 수 있고 친환경, 비건에 관심이 많은 고객들의 주제를 선정해 원데이 클래스를 운영하고 있다. 지금까지 운영한 클래스로는 티 클래스, 온라인 아로마테라피, 보자기 클래스(보자기로 제품 포장을 배우는 수업) 등이 있다.

또한 단백질 바를 만드는 뉴트리그램은 2018년 홍대에서 공방으로 시작한 브랜드이다. 뉴트리그램은 다양한 커뮤니케이션을 해나가면서 브랜드를 키워가고 있다. 그중 '만남의 광장'이라는 프로그램은 시즌2를 이어가고 있다. 시즌2의 주제는 나답게 잘 먹고 건강하게 사는 것이 무엇인지를 주제로 이야기를 나누는 것이다. 이렇듯 너무 어렵게 접근하지 않고도 고객과의 관계를 만들어갈 수 있다. 중요한 것은 고객과 기업이 함께 성장할 수 있는 주제로 커뮤니티를 만들어 소통하는 것이다.

♦ 고객과의 관계는 기획 단계에서부터

지금까지 관계의 유형을 소개했고, 이제부터 'How'에 대한 얘기를 하고자 한다. 하지만 특별한 방법이 있는 것은 아니다. 만들어진 페르소나의 4가지 유형이 어떤 관계를 원하는 유형인지를 매치해보고 고객 리서치를 할 때부터 인사이트를 같이 뽑는다. 즉 초반 타깃 페르소나를 만들고, 상품의 콘셉트를 고민하는 기획 단계에서부터 고객과의 관계를 고민하는 방법밖에 없다. 단순하지만 고객과의 관계를 초반에 같이 고민하는 것과 나중에 따로 고민하는 것에는 큰 차이가 있다. 기획 단계에서 관계를 같이 고민하면 상품 콘셉트에 관계의 고리를 이어갈 요소를 같이 담을 수 있고, 기획 단계에서부터 고객 참여를 통해 콘셉트를 같이 만들어가면서 고객과의 관계를 시작할 수도 있다.

나는 미술관 프로젝트에서 디지털 가이드 곳곳에 고객과 관계의 계기(trigger)가 될 만한 요소를 만들어 놓았다. 예를 들어, 취향을 모으는 고객을 염두에 두고 관람 후 개인이 소장하거나

SNS에 업로드할 수 있는 '개인 맞춤형 엔드 티켓(End-Ticket : 관람객 위치와 머문 시간 등을 활용해 관람객 선호도가 가장 높은 TOP 5 작품을 영상으로 만들어 제공하는 것으로, 관람객은 영상을 다운로드 받아 SNS 등에 업로드 할 수 있다.)' 기능을 넣었다. 기획 단계에 고객의 관계를 고려하면 이와 같이 고객과의 연결을 이어갈 만한 관계의 계기(trigger)들을 미리 배치해 둘 수 있다.

앞으로 마케팅은 제품을 출시하고 알리는 활동이 아니라 고객과의 관계를 만들어가는 활동으로 리프레임해야 한다. 다음 장에서 다루겠지만, 고객과의 관계는 브랜드 팬을 만드는 시작점이기도 하다. 그래서 더욱 기획 단계에서부터 고객과의 관계를 고민해보고, 고객과의 유대감을 만들어가는 것을 간과하면 안 된다. 고객과의 관계를 통해 유대감이 만들어지면, 그 고객은 브랜드의 친구가 되어 브랜드가 경영을 하다 실수를 해도 믿고 기다려주고, 응원해주는 관계가 될 것이다.

브랜드 팬을 만들어라

♦ **브랜드에 지갑을 여는 시대**

모든 브랜드가 팬을 만들 필요가 있을까? 기업 입장에서는 브랜드 팬을 만드는 활동도 하나의 투자이고 의사결정이 필요하다. 투자라고 본 이유는 브랜드 팬을 만들기 위해 고민하는 직원이 필요하고, 그 직원이 연구하고 프로젝트화해서 진행해야 하기 때문이다. 그렇다면 기업 매출을 끌어 올릴 수 있나? 프로모션과 같이 가격을 세일 기간 동안 싸게 낮추면 더 확실하게 수치화된 결과를 얻을 수 있지만, 브랜드 팬은 수치화된 KPI를 산출하기 쉽지 않다. 그렇다면 더더욱 왜 브랜드 팬을 만들어야 되는가에 대해 의문이 들 수도 있다.

우리 사회는 양극화되고 있고, 브랜드도 양극화가 되고 있다. 알다시피 이는 우리나라만의 상황은 아니다. 사회가 양극화되면서 프리미엄 시장과 가성비 시장으로 소비의 양극화가 일어나고 있다. 양분화가 되면서 자신이 가치 있다고 생각하는 상품에는 지갑을 열고 있다. 비싸도 가치가 있다고 생각하면 구매를 한다.

'고든램지 버거'는 영국 출신 스타 셰프 '고든 램지'가 론칭한 수제 버거 전문 레스토랑이다. 이곳에서 매일 60개씩만 만들어지는 '1966버거'의 가격은 14만 원에 달하지만, 매일 전량이 품절될 정도로 인기다.[*] 고든 램지는 1,398만 인스타 팔로워(23년 1월 11일 기준)를 가진, 즉 팬을 보유한 스타 셰프이다.

조금 극단적인 예이고, 돈 많은 사람들이나 그런 소비를 하는 것이라고 생각하는 사람도 있겠지만, 실제 고든램지 수제 버거 매장에 줄 서 있는 사람들을 보면 그렇지 않다는 것을 알 것이다. 주변에서도 이런 소비 형태를 쉽게 볼 수 있다. 평소에는 점심값, 커피값도 아끼더니 주말에 호텔에서 친구들과 호캉스를 즐기거나, 옷을 살 때는 온라인에서 최저 가격 비교에 비교를 해서 사더니 요가복계의 샤넬이라고 불리는 룰루레몬을, 향수는

---

[*] 《컨슈머타임스(Consumertimes)》 (2022년 11월 07일 https://www.cstimes.com)

몇십만 원 하는 명품을 구입한다.

♦ 브랜드 팬덤을 만들어야 하는 이유

이와 같은 가치 소비가 값비싼 프리미엄 브랜드에서만 일어나는 것은 아니다. 즉 고가의 브랜드만이 브랜드 팬을 보유하는 것은 아니라는 이야기다. 앞서 '고객을 친구로 봐라' 장에서 예로 들은 액세서리 브랜드 '델릭서', 코스메틱 브랜드 '분코', 문구류 브랜드 '모트모트' 등 작은 스타트업 브랜드들도 브랜드 팬을 형성하고 있다. 이들 브랜드는 같은 카테고리 상품 내에서 다소 가격이 비싸더라도 고객은 이들 브랜드의 제품을 구매한다. 여기서 알 수 있듯이, 이미 세상에 성공했다고 알려진 브랜드만이 브랜드 팬을 만들 수 있는 것은 아니다.

기업 입장에서는 소비자들이 다른 소비는 줄여서라도 구매하려고 하는 팬을 보유한 브랜드가 될지, 아니면 가격 경쟁력으로 승부를 보는 브랜드가 될지에 대한 기로에 있는 것이다. 가격 경쟁을 하게 된다는 것은 더 낮은 가격의 다른 브랜드로 언제든지 대체된다는 것이다.

브랜드 팬이 되면 구매에 있어서 그 브랜드에 로열티(충성심)를 보인다. 브랜드 로열티(충성심)를 보인다는 것은 동일한 제품군에서 특정 상표의 제품을 반복적으로 구매하는 성향을 보이고, 상대적으로 복잡하지 않은 의사결정을 하게 된다는 의미이다. 복잡하지 않은 의사결정은 다른 제품의 스펙과 가격을 비교하거나 미심쩍어 리뷰를 보면서 확인을 한다든지 하는 행동을 덜하게 된다는 의미이다.[**] 이 외에도 앞의 장에서 설명한 바와 같이 고객이 직접 브랜드를 홍보하고, 대변하거나, 브랜드에 도움이 되는 의견을 내는 적극적인 브랜드의 협력자가 된다. 기업에 부정적 의견을 갖는 고객에게는 적극적으로 맞서 브랜드를 옹호하는 지지자가 되기도 한다. (〈표8〉 참조)

○ 〈표8 브랜드 팬이 있는 브랜드와 없는 브랜드의 고객의 역할 차이〉

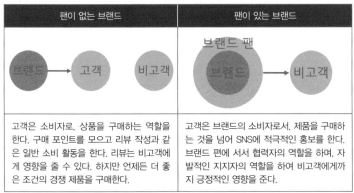

팬이 없는 브랜드	팬이 있는 브랜드
고객은 소비자로, 상품을 구매하는 역할을 한다. 구매 포인트를 모으고 리뷰 작성과 같은 일반 소비 활동을 한다. 리뷰는 비고객에게 영향을 줄 수 있다. 하지만 언제든 더 좋은 조건의 경쟁 제품을 구매한다.	고객은 브랜드의 소비자로서, 제품을 구매하는 것을 넘어 SNS에 적극적인 홍보를 한다. 브랜드 편에 서서 협력자의 역할을 하며, 자발적인 지지자의 역할을 하여 비고객에게까지 긍정적인 영향을 준다.

브랜드에 팬덤이 생기면 지금과 같은 불황, 저성장 등 시장이 어려울 때 힘을 발휘한다. 사실 나는 대기업에 다니면서 위기가 아닌 때를 본 적이 없고, 시장은 항상 힘들고 고비의 연속이었다. 모바일로 바로 경쟁 제품과 비교할 수 있는 시대에서 브랜드

** 참고 : 한국심리학회. http://www.koreanpsychology.or.kr

팬은 기업에서 꼭 필요한 개념이다. 지금은 국내만이 아니라 해외 제품까지도 아마존과 같은 해외 판매 플랫폼에서 가격 비교를 하면서 고르는 시대이다. 브랜드 팬을 만들지 못하면 너무나 쉽게 대체될 수 있고, 가격 경쟁의 프레임에 갇히게 된다. 브랜드 팬을 형성한 브랜드는 어떻게든 갖고 싶은 마음이 들어 동경의 대상이 되지만, 그렇지 못한 브랜드의 고객은 이 소비를 해야 되는지 계산기를 두드리게 된다.

앞으로는 브랜드 팬덤의 크기가 한 사업 분야의 리더와 추종자를 구분하는 잣대가 될 것이다. 또한 이제는 브랜드 팬을 만들기 위한 비즈니스를 해야 되는 시대라고 해도 과언이 아니다. 브랜드 팬이 있는 기업과 없는 기업이 경쟁했을 때를 생각해 보면 답이 나올 것이다. 하지만 남들도 다 하니까 우리도 해야 된다는 생각으로 해서는 안 된다. 남들의 공식을 나에게 도입한다고 브랜드 팬이 만들어지지는 않는다. 나의 비즈니스 프레임에 맞는 나만의 고객 프레임이 필요하다.

◆ 기업에 맞는 브랜드 팬 프레임 찾기

기업들 중에는 이미 품질 좋은 제품도 있고, 커뮤니티도 운영하고 있으며, 마케팅 활동도 최신 트렌드에 맞게 하고 있는데, 브랜드 팬이 없는 경우도 많다.

브랜드 팬에 관한 책들에서 "진정성이 있어야 한다", "인간미가 있어야 한다"와 같은 애기도 들어봤을 것이다. 그렇다면 '진정성', '인간미', 이런 것은 어떻게 만들어야 되는 것인가?

브랜드 팬을 만드는 것은 앞에서 다룬 모든 리프레임 작업의 결정체이다. 이미 앞서 브랜드 팬을 만들기 위해 해야 되는 기업의 활동과 방법에 대해 다루었다. 비즈니스 리프레임과 고객 리프레임 과정을 거쳐 혁신의 요소들을 만들었다면 브랜드 팬을 만들기 위해서는 이들을 엮어내야 한다. 구슬도 꿰어야 보배가 되듯이 말이다. 그런데 그냥 꿰서 되는 것은 아니다. 나만의 고객 프레임을 가지고, 내가 생각하는 목걸이를 연상하고 꿰어야 한다. 기업에서 가장 하기 힘든 일 중 하나가 꿰어내는 일인 것 같다. 기업 내 각 조직은 자신의 역할만을 수행하기 때문에 이를 엮는 것이 힘들 수밖에 없다. 주어진 역할을 잘하는 것이 잘못은 아니지만, 고객에게 전달될 때는 하나의 목소리로, 한 방향으로 꾸준히 커뮤니케이션 되어야 한다. 그것도 한 번의 히트 상품이 아니라 기업이 하는 활동이 꾸준히 한 방향으로 추진되어야 진정성이 느껴지는 브랜드를 만들 수 있고, 이것이 브랜드 팬을 만드는 인프라가 되는 것이다.

모든 것을 꿰어야 한다는 점이 너무 어렵게 느껴질 수도 있다. 게다가 나만의 스타일의 목걸이로 꿰기란 더욱 어렵게 느껴질 것이다. 오히려 큰 기업일수록 하기 힘들다. 그러나 제대로 하지 않았을 뿐 불가능하지는 않다. 나만의 스타일의 목걸이를 만들기 위해, 구슬을 꿰기 위해 가장 쉬운 방법이 '브랜드 페르소나'를 만드는 것이다. 브랜드에도 개성이 있다. 마치 우리가 어떤 사람을 만나보면 시간이 지날수록 그 사람의 개성을 파악할 수 있듯이, 브랜드도 마찬가지이다. 브랜드 자체가 사람처럼 개성을 가지고 있어야 인간적인 매력이 발산되고, 이것이 지속되어야 진정성을 갖게 된다. 그래서 브랜드 페르소나를 만드는 방법이 가장 효과적이라고 할 수 있다.

◆ 브랜드 페르소나를 만들고 경쟁력을 파악하는 방법

그렇다면 브랜드 페르소나는 어떻게 만들까? 혁신 상품을 기획할 때 고객 페르소나를 만들듯이, 만드는 방법은 똑같다. 추구하는 브랜드를 사람의 모습으로 생생히 묘사하면 된다. 다른 점이라고 하면, 이번에는 제품을 사용하는 고객의 모습을 묘사하는 것이 아니라 브랜드를 사람으로 표현했을 때의 모습을 묘사하는 것이다. 브랜드 개성을 브랜드 퍼스낼리티(Brand Personality)라고 한다. 브랜드 팬을 만들기 위해서는 매력적인 개성이 드러나야 한다. 브랜드 페르소나를 만들고 이를 기준으로 기업이 고객에게 전달하는 제품, 서비스, 커뮤니티, 광고, 프로모션 등이 페르소나에 적합한지를 판단해보면 된다.

브랜드 페르소나가 없다면 우선 만드는 작업을 하면 된다. 이미 있다고 하면 내 기업의 브랜드 페르소나가 제대로 작동하고 있는 지를 파악해야 한다. 제대로 작동하고 있는지 파악하기 위한 마케팅, 개발, 디자인 부서 등 주요 부서들에게 각각 생각하는 브랜드 페르소나를 만들어보는 워크숍을 진행하는 것이다. 이때 각 부서가 만든 페르소나가 일치해야 한다. 일치하지 않는다는 것은 각 부서마다 서로 다른 방향으로 일을 하고 있었다는 것이기도 하다. 그리고 그 페르소나를 충족시키는 제품의 기능, 서비스, 마케팅 등 기업이 제공하는 상품을 구성하는 요소들이 무엇이 있는지를 매칭해 보면 이것으로 충분한지 아닌지 알 수 있다.

여기서 끝나는 것은 아니다. 내부의 현 상태(status)를 파악했다면, 이제는 만든 브랜드 페르소나가 경쟁력이 있는지 객관적으로 봐야 한다. 경쟁력이 있는지를 보기 위해서는 경쟁사의 브랜드 페르소나를 분석해 본다. 경쟁사의 페르소나를 쉽게 파악할 수 있는 방법은 TV 광고를 보는 것이다. 큰 돈을 써야 하는 TV 광고이다 보니 모든 브랜드가 심혈을 기울여 추구하는 브랜드의 개성과 제품의 특징 등을 녹여내게 된다.

같은 카테고리 상품 내에서 2~3개의 주요 경쟁 브랜드의 광고를 비교해 보면 쉽게 이해가 될 것이다. 요즘 TV를 보는 사람이 줄고 있어 브랜드가 만든 유튜브 영상으로 파악해 볼 수도 있다. 조금 더 구체적으로 파악한다고 하면 매장을 방문해 보고 제품을 분석해 보면 된다. 매장에서 보이는 직원들의 태도와 서비스를 볼 수도 있다. 방금 설명한 방법으로 경쟁사와 나의 브랜드 페르소나가 어떤 차이가 있고, 얼마나 매력적인 개성을 가지고 있는지 판단해 보면 현 상태(status)를 객관적으로 볼 수 있을 것이다. 포지셔닝 맵을 그려 볼 수도 있다.

◆ 브랜드 페르소나를 만들었다면 검증하자

마지막으로 가장 중요한 고객이 내가 만든 브랜드 페르소나를 어떻게 생각하는지를 알아야 한다. 타깃하는 리드 고객을 초대하여 좌담회를 운영하여 내부에서 진행한 방법과 같이 고객이 생각하는 브랜드 페르소나를 만들어보게 한다. 여기서는 리드 고객이 필요하다. 그 이유는 리드 고객이어야 도움이 되는 충분한 의견을 줄 수 있기 때문이다. 브랜드 페르소나를 만들어 보게 하는 것에서 끝나는 것이 아니라, 왜 그렇게 생각하는지 이유를 들어보는 것이 중요하다.

많은 기업들이 고객이 얼마나 정확한 얘기를 해주나 싶겠지만, 내가 좌담회를 진행해보면 요즘 고객들은 기업이 생각하는 것보다 예리하게 문제점을 알고 있고, 조언도 해줄 수 있는 레벨의 고객도 많다. 기업 내부에서 분석해서 파악한 것보다 고객의 냉철한 몇 마디가 충격적으로 받아들여지는 경우도 있어, 이것이 오히려 혁신의 동기가 되기도 한다.

이쯤 되면 내가 무엇을 하려고 하는지 감을 잡았을 것이다. 기업이 생각하는 페르소나와 고객이 실제 생각하는 페르소나가 어떤 차이가 있고 그 차이가 얼마나 큰지를 파악해야 한다. 내부와 외부를 정확히 파악해야 무엇을 어떻게 개선해야 되는지 대책을 마련할 수 있다. 제대로 현 상태(status)를 인지하는 것이 모든 문제의 시작이다. 내부(내부 부서)와 외부(경쟁사와 고객)의 정보로 현 상태가 파악되었다면, 이제부터는 이 차이를 극복하기 위해서 어떤 활동을 해야 되는지 아이디어 워크숍을 진행하면 된다. 이 워크숍은 앞서 페르소나를 만든 주요 부서들의 참여하에 진행하면 된다.

대부분의 기업들은 기술, 제품과 서비스 품질에 대한 경쟁사, 고객 측면의 수치를 파악하고 이 갭을 줄이고자 노력한다. 이런 노력도 필요하지만 고객은 상품의 품질만으로 구매하지 않는다. 그렇다면 이와 같이 정확한 수치로 규정할 수 없는 브랜드의 매력은 어떻게 파악해야 하는지 고민이 될 것이다. 나도 이와 같은 고민 끝에 수치화하기 힘든 고객이 생각하는 '매력'에 대한 부분을 최대한 가시적으로 차이를 드러내고 실행력 있는 활동으로 도출하기 위해서 브랜드 페르소나를 만드는 방법을 적용하게 되었다. 브랜드 페르소나를 만들고 나면 페르소나에 맞는 제품의 기능, 서비스, 커뮤니티를 포함한 외부 커뮤니케이션을 중심으로 스토리를 만들어가고 부족한 부분은 채워가면서 브랜드의 매력을 만들어 가면 된다. 브랜드 팬덤을 만들기 위해서는 해당 브랜드에 진정성과 인간미가 있어야 한다. 진정성과 인간미는 한순간에 시장에 받아들여지는 것이 아니라 꾸준히 흔들림 없이 추진되어야 하는데, 이때 브랜드 페르소나는 내 기업만의 비즈니스 프레임이 되어 지향점이 되어줄 수 있다.

♦ 브랜드에 에지를 더해라

브랜드 팬을 만들기 위해서는 에지(edge) 있게, 뽀족하게 다듬을 필요가 있다. 요즘 선진 기업은 브랜드 개성을 더욱 에지 있게 만들기 위해 브랜드 페르소나를 표현하는 방식을 다각화하고 있다. 지금까지는 페르소나를 표현하는 대표적인 방법이 TV 광고나, 유튜브 영상이었다. 광고와 영상이 중요하지 않은 것은 아니다. 멀티미디어 콘텐츠에는 시각, 청각적, 스토리 등 다양한 정보가 있지만 어찌 되었던 간에 이는 간접적인 정보이다. 그래서 요즘 브랜드들은 체험을 통해 직접 체감할 수 있도록 하고 있다.

　MZ 세대가 잘 알지 못했던 밀가루를 파는 곰표는 맥주와 팝콘, 패딩을 팔고 있고, 그 외 적극적인 외부 브랜드와의 컬래버레이션(collaboration)으로 문구에서부터 화장품, 캠핑용품, 키친웨어까지 협력의 경계가 없는 것 같이 보인다. 단순히 흥미를 끌기 위함이 아니라 기업이 표방하는 라이프스타일을 보여주기 위함이다. 이 외에도 침대를 파는 시몬스는 미국 아메리칸 빈티지 라이프스타일을 표현하기 위해 버거를 팔고, 가구를 파는 이케아(IKEA)는 북유럽 라이프스타일을 느껴볼 수 있도록 하기 위해 연어를 팔고 레시피를 SNS에 공유한다. 볼보는 2022년 5월 브랜드 공식 온라인 편집숍 '볼보 라이프스타일 숍'을 오픈했다. 고객 및 일반 소비자에게 스웨덴 럭셔리 라이프스타일을 제시하기 위해서이다. 브랜드 팬을 만들기 위해 물론 커뮤니티도 운영하고 사회적 메시지를 내기도 하지만, 이들 기업들은 이와 같은 활동과 더불어, 브랜드를 고객에게 더욱 선명하게 체감할 수 있도록 라이프스타일을 제시하고 있다.

　영어 표현 중에 "천 마디 말보다 한 번 보는 게 더 낫다(A picture is worth a thousand words)"라는 표현이 있다. 이 말이 나올 때는 사진기가 나오고 포스터와 같은 이미지의 중요성이 대두되던 시기였다. 유튜브와 같은 동영상이 나온 이후에는 동영상의 가치가 1000

의 제곱(1000²)이 된다는 표현을 하게 되었다. "사진이 천 단어의 가치가 있다면, 비디오는 백만 단어의 가치가 있다(If a picture is worth a thousand words, then a video is worth a million)"라고 한다. 요즘 브랜드들은 라이프 스타일을 제품으로, 그리고 매장에서 제시하지만 몇 년 후에는 메타버스 플랫폼에서 제시하게 될 것이다. 나이키, 루이비통, 구찌, 디즈니, 코카콜라 등 발 빠른 기업은 벌써 메타버스에 자신이 추구하는 브랜드 라이프 스타일을 보여줄 수 있는 장으로서의 테스트를 해보며 미래를 준비하고 있다. 라이프 스타일을 직접 경험하는 것이 1000³(10억) 단어보다 낫다는 표현이 쓰일 날이 머지않았다.

3장

REFRAME
INNOVATION

▼

혁신에 대한 통찰

혁신을 원한다면
두 개의 어항을 마련해라

♦ 현재의 어항과 혁신의 어항

굴러가는 공은 외부의 힘이 가해지지 않는 이상 가던 방향으로 계속 굴러간다. 세상은 관성에 의해 움직인다. 지구도 공전과 자전을 하면서 그 관성으로 움직인다. 일상에서도 관성은 필요하다. 관성이 있기 때문에 매우 효율적으로 기업이 돌아간다. 이미 체계화된 업무는 특별한 지시를 하지 않아도 알아서 돌아간다. 하지만 혁신을 위해 비즈니스를 리프레임하고자 한다면 이 관성이 크나큰 장애물이 돼 버린다. 사람은 익숙한 것을 좋아하고 새로운 것을 싫어하듯이 기업에서도 새로운 활동을 하려면 많은 에너지가 필요하다. 조직원들이 필요성을 느낀다면 이는 매우 긍정적인 시작이다. 시도하는 것을 꺼리는 경우도 있고, 필요성을 느낀다고 하더라도 막상 본인이 해야 된다고 하면 발을 빼려고 하는 경우도 많다. 기업에서의 혁신은 필요할 때만 해야 되는 일이 아니라 항상 혁신의 촉을 세우고 있다가 적시에 시도해야 되는 일이다. 그래서 2개의 어항이 필요하다.

2개의 어항 중 하나는 현재의 비즈니스 어항, 다른 하나는 혁신의 비즈니스 어항이다. 현재 비즈니스 어항을 지금부터 간단하게 '현재 어항', 혁신 비즈니스 어항을 '혁신 어항'으로 줄여서 부르겠다. 2개의 어항이 필요한 이유는 관성으로 움직이는 현재 어항에 어느 날 혁신을 생각하라고 하면 이도 저도 되지 않기 때문이다. 역량이 떨어져서 그런 건 아니다. 현재의 어항은 맡은 바 최선을 다하고 있는 것이다. 현재 어항은 자신의 현재 비즈니스 관성에 의해 움직이는 조직이기 때문이다. 이 조직에서는 지금 어항에 있는 물고기를 최고의 물고기로 성장시켜야 한다. 그게 그들의 미션이다. 이들의 사고방식은 현 비즈니스를 '제대로' 하는 것이다. 영어로는 'Doing the things right'라고 한다.

♦ 혁신 어항은 새로운 물고기로 채운다

그렇다면 혁신은 누가 하는가? 관성에 의해 움직이는 조직에서 혁신을 하기는 힘들다. 구르고 있는 공에 스스로 다른 방향으로 가라고 하는 것과 마찬가지다. 외부의 힘이 가해져야지만 다른 방향으로 전환할 수 있다. 그렇지만 이는 맞는 방향이 아니다. 그들의 현재 일에 최선을 다해야 한다. 애플의 스티브 잡스가 경영에 복귀한 1997년 당시에는 다른 기업들과 같은 사업부 체제의 조직 구조를 가지고 있었다. 그는 사업부별로 있었던 기능부서들을 하나의 기능조직으로 통합했다. 깊이 있는 전문 지식을 키우고, 디테일에 집중하고, 기능 조직별 협력적인 자세로 토론하는 문화를 만들기 위해서였다. 그리고 지금까지 기능조직 구조는 유지되고 있다.

애플의 사례에서 얘기하고자 하는 바는 기존 상품의 완성도를 높이는 활동은 현재 어항에서 잘 유지되어야 하는 중요한 일이라는 점이다. 그렇기에 혁신의 어항을 따로 키워야 한다.

혁신 어항은 현재의 관성이 없는 조직이다. 현재 어항에 없는 새로운 물고기를 키우는 어항이다. 이 조직의 미션은 고객이 원하는 바를 찾는 것이다. 영어로는 'Doing the right things'라고 한다. 앞서 현재 어항을 설명한 구절과 단어는 같고 위치만 살짝 다르다. 단어 순서만 바꿨지만 의미는 큰 차이가 있다. 'Doing the things right'라고 하면 주어진 일을 제대로 한다는 의미이고, 'Doing the right things'는 옳은 일을 찾아 한다는 의미가 된다. 즉, 혁신 어항은 현재의 일을 하는 것이 아니라 맞는 일을 찾아내는 일을 해야 한다는 의미이다.

> Doing the things right. Vs. Doing the right things.
> (주어진) 일을 제대로 한다 vs. 올바른 일을 (찾아서) 한다

◆ 혁신 어항을 키우기로 한 기업들

혁신으로 유명한 기업들이 처음부터 2개의 어항을 키운 것은 아니다. 대부분 1개의 어항을 키우다 혁신 어항을 키우기로 결정한다. 비즈니스 컨설팅 회사들이 디자인 컨설팅 회사를 차례로 인수했다. 이들이 인수한 이유는 그들의 고객인 기업의 기대에 부합하기 위해서이다. 2007년 딜로이트(Deloitte)가 도블린(Doblin)을 인수한 것을 시작으로 2013년 액센추어(Accenture)가 피요르드(Fjord)를, 맥킨지앤드컴퍼니(McKinsey & Company)는 지난 2015년 미국 디자인 에이전시 루나(Lunar), 2016년 스웨덴 디자인 에이전시 베리데이(Veryday) 등을 연속으로 인수했고, 2017년 BCG가 마야디자인(Maya Design)을 인수했다. 컨설팅 회사만이 아니라 기업들도 디자인 컨설팅 회사를 많이 인수했다. 페이스북은 소파(Sofa, 2011), 핫스튜디오(Hotstudio, 2013), 티한랙스(Teehan+Lax, 2015)를 차례로 인수했고, 구글도 2014년 게코 디자인(Gecko Design)을 인수했다.

이들 회사가 인수한 회사들은 디자인 컨설팅 회사지만 외형

적 디자인을 잘하기 위해서라기보다는 창의적으로 혁신을 하기 위해서라고 봐야 한다. 외국에서의 디자인은 창의적 사고 개념이 강하지만, 우리나라에서의 디자인은 외형적인 미(美)의 의미가 강하다. 디자인의 역할이 경험을 디자인하는 것으로 확대되고 있지만 대중적인 인지와 기업에서의 현재 역할의 비중을 봤을 때 그렇다는 것이다. 글로벌 비즈니스 컨설팅 회사인 매킨지(McKinsey & Company)도 한 인터뷰*에서 '디자인'에 대해 한국에서는 아름다움(beautiful)을 떠올리지만, 해외에서는 창의성(creativity)을 먼저 떠올린다라고 말하기도 했다. 이들 기업의 디자인 회사의 인수는 매력적인 제품과 UX 디자인을 위해서가 아니라는 점이다.

♦ 혁신 어항의 역할

혁신 어항은 외부 센싱, 비즈니스 현 상황 인지, 혁신 프로젝트를 발굴하고 수행하는 역할을 한다. 외부를 센싱(Sensing)하는 것은 빠르게 변하고 있는 비즈니스 환경을 파악하는 일이다. 고객의 변화하는 라이프스타일 트렌드를 파악하고, 경쟁사의 활동은 물론이고 나아가 현재 경쟁사는 아니지만 넓게 봤을 때 대체

---

* 《조선비즈》, 2022.05.13, [Interview] 맥킨지 "옴니채널 시대, '좋아요' 속 진짜 소비자 감정 파악해야"[Interview] 보 피네만 맥킨지앤드컴퍼니 마케팅 부문 파트너 (https://biz.chosun.com/industry/company/2022/05/13/6C656AQRKVELLF533QC46CTTEY/)

가능성이 있는 기업의 활동을 센싱한다. 이 외에도 혁신적인 활동을 하고 있는 기업의 사례를 파악하는 작업도 포함한다.

비즈니스 현재 상태 파악(Awareness)은 고객이 느끼는 제품과 서비스의 만족도와 불만족 사항, 브랜드에 대한 인식을 트래킹하는 일이다. 혁신 프로젝트 발굴(Initiation)은 외부 센싱과 비즈니스 현재 상태에서 파악된 기회나 문제를 바탕으로 프로젝트를 발의하는 일이다. 아래 〈표1〉에 혁신 어항의 4개의 역할을 기술해 놓았다. 4개의 역할을 모두 전담조직으로 둘 수도 있고 최소한의 활동으로 대체할 수도 있다.

○ 〈표1 혁신 어항의 역할〉

혁신 어항 조직의 역할	외부 센싱 (Sensing)		현 상황 인지 (Awareness)		혁신 프로젝트 발굴 (Initiation)		혁신 프로젝트 진행 (Progress)	
	• 트렌드 센싱 • 경쟁사 센싱 • 혁신 사례 센싱		• 상품 품질 평가 • 고객 반응 조사 • 브랜드 평가		• 혁신 상품 기획 • 신 사업 발굴		• 창의적 사고를 기반하여 혁신 프로젝트를 수행	
내재화 정도	●	○	●	○	●	○	●	○
	전담 조직	리포트 구독	주기적으로 시행	고객 반응 조사	전담 조직	외부 전문가 자문, 태스크 포스로 구성	전담 조직	외부 컨설팅 또는 태스크 포스로 구성

◆ 혁신 어항 키우기

혁신 어항은 조직으로 꼭 존재할 필요는 없다. 물론 항상 혁신을 고민하는 조직을 내재화했을 때의 장점도 많다. 많은 대기업은 내재화된 혁신 조직이 있다. 하지만 아직 작은 기업이라고 하면 내재화가 부담이 될 것이다. 내재화하지 않고도 필요한 시점에 혁신을 수혈할 수도 있다. 외부 컨설팅을 받을 수도 있고 내부 T/F(Task Force 태스크포스)를 구성할 수도 있다. 하지만 이때 조심해야 되는 것은 외부 컨설팅을 의뢰할 때 이들이 창의적인 사고(지금은 창의적 사고라고 표현했지만 실제로는 '다차원적 사고'가 더 정확한 표현이다. 다차원적 사고는 다음 장에서 상세히 다루고자 한다)를 할 수 있는지를 봐야 한다.

실제로 나는 창의적인 아이디어라고 하는 표현을 별로 좋아하지는 않는다. 창의적이라고 하면 대부분 어디서도 들어보지 못한 신선하고 새로운 것을 떠올리는 것 같다. 오해를 하지 않도록 하기 위해 여기서 의미하는 창의적 사고라 함은 앞의 장들에서 다루었던 고객이 가치 있게 느끼는 비즈니스 프레임을 만드는 작업을 의미하는 것이라고 짚고 넘어가고 싶다.

다시 컨설팅 회사에 프로젝트를 의뢰하는 상황을 이어가자면, 컨설팅 프로젝트를 의뢰하고 끝나는 것이 아니다. 내부 정보를 전달하고 내부의 주요 의사 결정자의 의견이나 때로는 실무자들의 의견을 모아주는 가교 역할을 하는 사람이 필요하다. 가교 역할을 하는 사람에 의해 프로젝트의 성패가 달려 있다고 할수도 있다. 외부 컨설팅 회사에 프로젝트를 의뢰하고 가교 역할을 하지 않으면 나중에 창의적 아이디어들은 있으나, 실제로 적용할 만한 아이디어는 없을 수도 있다.

내부 T/F를 구성한다면 이들이 창의적인 프로세스를 알고 있고 이를 밀고 나갈 수 있는 리더가 있는지를 판단해야 한다. 회사에 다닌다면 아마 이런 T/F를 많이 목격했을 것이다. 혁신을 한다고 모였지만 우왕좌왕하다가 적당히 아이디어를 내고 어느 순간 T/F가 사라진다든지, 혁신 아이디어 결과를 발표하고 박수를 받고 끝나는 경우도 있다. 내부 여러 사람들의 의견에 중심을 잡지 못하고 휘둘리기도 한다. 이렇듯 혁신을 한다는 것은 어려운 일이다. 하던 일을 놓고 갑자기 혁신을 하라고 하는 자체에 무리가 있다.

♦ 앞으로 '혁신' 어항은 필수다

앞으로의 환경은 더욱 빠르게 변할 것이고, 산업의 경계도 점점 더 모호해지는 상황에서 현재의 어항만이 아니라 혁신 어항을 준비하는 것은 어느 정도 성장 가도에 오른 스타트업이라고 하면 필요하다. 이미 혁신 조직을 가지고 있는 대기업이라고 하더라도 '피벗(Pivot: 방향 전환)' 전략에 대한 관심이 높아지고 있는 상황에서 혁신 어항이 제대로 구성되어 있는지에 대한 점검도 필요할 것이다. 피벗은 현재 작동하고 있는 비즈니스 모델의 일부 혹은 그 이상을 수정하는 것이다. 피벗은 외부 센싱과 현 상황 인지가 잘 되어 있어야지 실행할 수 있다. 성공적인 피벗을

한 사례로 에어비앤비(Airbnb)가 있다. 팬데믹으로 해외 여행이 급작스럽게 전면 중단되었음에도 불구하고 국내 단거리 여행과 단기 임대 중심으로 빠르게 궤도를 수정해 고객을 놓치지 않고 성공적으로 미국 나스닥에 상장을 했다.

나는 대부분 혁신 프로젝트를 발의하고 수행하는 업무를 해 왔다. 혁신 어항의 4가지 역할 중 하나라도 제대로 되어 있지 않으면 프로젝트 기획부터 뒤집어 엎어서 다시 하기도 한다. 뒤집어 엎는다는 표현이 다소 과격하게 느껴질 수도 있지만 완화해서 말하면 4가지 역할을 제대로 밟아서 진행한다는 의미이다. 그래서 실제로 혁신 어항의 시작도 'Why'에서부터 해야 한다.

여기서 Why의 의미는 혁신의 목적(Goal)을 이해하기 위한 Why이다. 혁신에도 여러 종류가 있다. 기존의 사업 밖의 신사업을 찾는 일인지, 기존 산업 내 새로운 카테고리 상품을 찾는 일인지, 현재 상품의 차기 라인업의 혁신인지, 아니면 기존 비즈니스를 리프레임하는 것인지를 확인해야 한다. 혁신의 목적이 합의되지 않은 상태에서 빨리 새로운 아이디어를 내라는 다그침에 못 이겨 시작부터 아이디어를 내려고 하면 보고의 늪에 빠지기 일쑤이다. 보고 받는 사람은 세상에서 아직 보지 못한 새로운 것을 기대하면서 보고를 받고, 보고하는 사람은 이 부담감으로 계속 보고만 하게 된다.

그도 그럴 것이 의사결정자들이 빨리 새로운 것을 가져오라고 하기 때문이다. 이럴 때일수록 What(새로운 아이디어)이 아니라 Why를 고민하면서 프로젝트 초기를 단단하게 해야 한다. 그러기 위해서는 보고의 프레임을 보고자가 만들어가야 한다. 근본적으로 혁신적인 기업을 만들려면 기업은 혁신을 할 수 있는 조직을 만들어야 한다. 매번 T/F를 할 수도 있지만 지속적으로 센싱을 하고 있으면서 적시에 하는 것과 차이가 있다. 혁신 기업을 만들기 위해서는 4가지 역할을 하는 혁신 어항을 키워 놓고 있어야 하는 것이다.

다차원적
사고

♦ 리프레임을 하기 위한 사고 = 디자인 사고 + 다차원적 사고

혁신을 하기 위해서는 아이디어의 발산과 수렴을 통한 창의적인 사고로 대표되는 디자인 사고, 그리고 기업 내부와 외부의 사안을 다차원적으로 고려한 전략 사고의 결합이 필요하다.

앞장에서 혁신 어항의 필요성과 창의적으로 혁신을 하기 위해 디자인 회사를 인수한 비즈니스 컨설팅 회사, 페이스북, 구글과 같은 IT 기업들을 소개했다. 그들이 인수하고자 한 것은 창의성이고, 이번 글에서는 리프레임을 위한 창의적 사고에 대해서 먼저 얘기하고자 한다. 창의적 사고라고 하면 많은 사람들이 생각하지 못한 신선하고 새로운 아이디어를 먼저 연상한다. 다시 한번 창의적인 사고가 새로운 아이디어만을 의미하는 것이 아니라는 것을 강조하고 싶다. 물론 어디서 많이 본 듯한 콘셉트를 적용하면 시장에서 인지되지 않고 사라질 수 있다. 그래서 많은 기업들이 고객에게 가치 있게 느껴지고 시장에서 임팩트 있는 창의적 제품, 서비스 콘셉트를 찾는다. 몇 년 전부터 창의적인 사고로 대표적인 '디자인 씽킹'이 많은 주목을 받았다. 실제로 디자인 씽킹은 학문적으로는 1950년대, 60년대부터 연구가 시작되었다. 1990년대 미국의 유명 디자인 컨설팅 회사인 아이데오(IDEO)에 의해 기업에 알려지기 시작하여, 최근에는 에어비엔비(Airbnb), 우버(Uber)와 같이 디자인 씽킹으로 성공한 스타트업에 의해 재조명되면서 이제는 대중화되었다.

간략하게 설명하자면 디자인 씽킹의 핵심은 고객 중심으로 솔루션을 찾는 것이다. 프로젝트 시작에서부터 고객의 니즈와 문제점을 찾아내고 이를 해결하기 위한 아이디어를 내는 것이라고 할 수 있다. 물론 디자인 씽킹은 고객 중심으로 아이디어를 발산하는 것으로 끝나는 것이 아니라 콘셉트를 만들고 실현 가능한 프로토타입을 만들어보는 사고의 수렴도 포함한다. 그래서 디자인 씽킹은 아래 〈표2〉와 같이 더블 다이아몬드(Double Diamond) 형태로 도식화하여 그 프로세스를 설명하곤 한다.

○ 〈표2 디자인 씽킹을 도식화한 더블 아이아몬드 프로세스〉

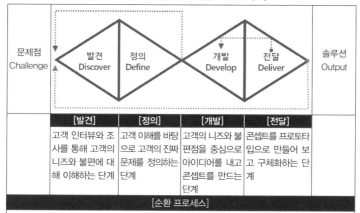

	[발견]	[정의]	[개발]	[전달]
	고객 인터뷰와 조사를 통해 고객의 니즈와 불편에 대해 이해하는 단계	고객 이해를 바탕으로 고객의 진짜 문제를 정의하는 단계	고객의 니즈와 불편점을 중심으로 아이디어를 내고 콘셉트를 만드는 단계	콘셉트를 프로토타입으로 만들어 보고 구체화하는 단계
[순환 프로세스]				
다이어그램의 점선에서 보여주듯이, 디자인 씽킹 프로세스는 한 단계를 끝내면 다음 단계로 이어지는 선형 프로세스가 아니다. 중간 중간 새로운 정보가 들어오고 새로운 아이디어가 나오면 앞 단계로 돌아가서 다시 생각해 보는 순환 프로세스이다. 그래서 프로세스에 점선의 화살표들이 있는 것을 볼 수 있다.				

여기서 잠시 비슷한 개념으로 통용되지만 의미상 차이점이 있는 '창의성'과 '혁신성'을 구분하고자 한다. 창의성은 창의적인 아이디어, 콘셉트와 같이 새로운 것을 생각해내는 것을 의미하고, 혁신성은 새롭고 영향력 있는 것을 만들어내는 활동을 수반한다. 따라서 창의성은 상상력(imagination)과 같은 생각을 해내는 능력, 혁신은 실제 만들어 적용(implementation)하는 능력이란 점에서 이 둘을 구분 지을 수 있다.

나도 디자인 씽킹을 통해 고객 중심의 문제를 발굴하고 아이디어를 내는 방법을 활용하고 있다. 그러나 비즈니스 리프레임을 하는 것은 결과적으로 기업의 혁신을 목표하는 것이므로, 다양한 아이디어를 내는 것만이 아니라 비즈니스 콘셉트를 만들기 위해 아이디어를 선정하는 것이 더욱 중요하다고 생각한다. 사실 나는 아이디어 내는 것보다 선택이 더 중요하다고 생각한다. 수많은 아이디어들 중에 나의 비즈니스 상황에 맞는 아이디어를 선택하기 위해서 〈표3 디자인 씽킹 프로세스와 다차원적 사고의 결합〉에서 보듯 다차원적 사고(multidimensional thinking)를 결합해야 한다. 다차원적 사고는 여러 차원으로 문제 또는 기회에 대해 생각하는 것이다. 그래서 다음 도식에서 보듯 디자인 씽킹 프로세스를 수렴하는 각 단계에서 활용할 수 있다. 다차원적 사고는 시작에서부터, 중간, 마지막 단계까지 점점 더 완성도를 높이는 역할을 한다.

○ 〈표3 디자인 씽킹 프로세스와 다차원적 사고의 결합〉

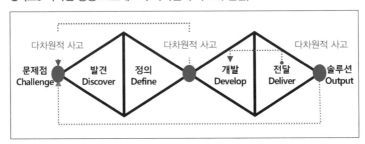

디자인 씽킹 프로세스만으로 아이디어를 내다보면 고객에게 필요로 하는 콘셉트를 도출할 수는 있겠지만, 이 아이디어가 나의 비즈니스에 맞는지, 시장에서의 차별점과 영향력을 가지고

지속할 수 있는 콘셉트인지 아닌지를 판단하는 사고를 내포하지는 않는다. 그리고 이제 세상에는 이미 수많은 아이디어들이 존재한다. 수많은 아이디어들 중에 내가 취해야 하는 것, 그리고 그 중에서 내가 무엇을 핵심으로 가지고 갈 것인지가 중요하다. 그럼 이제 다차원적 사고가 무엇인지 살펴보도록 하겠다.

◆ 눈에 보이지 않는 사고도 체계적으로 접근하기

다차원적 사고는 내가 만들어낸 것은 아니다. 나는 학습한 이론을 실전에 잘 활용하고 있을 뿐이다. 경영의 정글을 관통하는 대표적인 경영 전략서로 꼽히는 책 가운데 옥스퍼드대학교 출신의 경영학 교수 헨리 민츠버그(Henry Mintzberg)를 비롯한 세 저자가 저술한 책이 있다. 《전략 사파리(Strategy Safari)》(윤규상 옮김, 비즈니스맵, 2012)가 그것으로, 헨리 민츠버그는 경영학을 대표하는 구루(Guru)이며, 캐나다 맥길 대학 교수이고 월스트리트 저널이 뽑은 '세계에서 가장 영향력 있는 경영 사상가 20'에 선정된 권위자이다. 또한 화려한 경영 전략을 비판하고 '실행'이 중요하다는 것을 주장한 전략 사상가이다.

《전략 사파리》는 2005년에 출간된 이후부터 아직까지도 많은 MBA, CEO 필독서로 추천되고 있다. 이 책에서 저자들은 다차원적 사고를 하기 위해 필요한 4가지 관점을 소개한다. 다차원적 사고라는 단어가 《전략 사파리》에 직접적으로 등장하지는 않는다. 책에서는 "보이는" 전략적 사고(Strategic Thinking As "Seeing")로 소개되어 있다. 나는 학문적인 내용을 프로젝트에 적용할 수 있는 팁 중심으로 설명하고자 하며, 이 4가지 관점을 다차원적 사고라는 개념으로 설명한다는 점을 밝힌다.

여기에 언급된 4가지 바라보는 관점은 다음과 같다.

- 과거 보기 ↔ 미래 보기
- 숲 보기 ↔ 나무 보기
- 다르게 보기 ↔ 이상향 보기
- 꿰뚫어 보기

이제 4가지 관점들을 차례대로 살펴보도록 하겠다. 그리고 독자들이 체계적으로 다양한 관점의 사고를 하는 데 활용해 봤으면 한다.

1) 첫 번째 다차원적 사고 : 과거 보기 ↔ 미래 보기

대부분의 사람들은 전략과 혁신이라고 하면 미래를 보는 것이라고 생각한다. 그러나 실제로 과거를 모르고 미래를 그릴 수 없다. 과거에 대한 이해를 바탕으로 미래를 볼 수 있다. 그래서 리프레임 과정 중에 미래 트렌드와 변화 방향을 보기 위해서는 과거 고객의 니즈와 가치가 어떠했고, 현재의 현상은 어떠한지 등 미래와 과거를 오가며 혁신을 고민해야 한다. 과거와 미래 보기를 계속하면서 도출한 아이디어들이 산업을 리딩할 수 있는지, 리딩은 아니더라도 뒤처지지 않기 위해서 적용해야 되는 아이디어인지, 아니면 잠깐 반짝이는 아이디어인지를 가늠할 수 있어야 한다.

2) 두 번째 다차원적 사고 : 숲 보기 ↔ 나무 보기

전략에 대한 또 다른 오해는 전략은 '숲을 보기'와 같이 큰 그림을 그리는 것이라고 생각하거나, 전체를 보는 전략과 세부 전략을 이분법적으로만 보는 경우가 있다. 프로젝트에 따라 다를 수도 있지만 비즈니스를 리프레임하겠다고 한다면 이 둘을 동시에 볼 수밖에 없다. 숲을 봤다가 나무를 보는 것을 반복해야 한다. 숲을 보면서 나무를 동시에 본다는 의미는, 사회의 변화를 보면서 그 변화가 야기하는 현상을 같이 보고, 산업의 움직임과 함께 경쟁사들의 활동을 보면서 그 속에서 나의 리프레임 콘셉트가 경쟁력이 있는지를 반문해보는 것이다.

고객 측면도 마찬가지다. 고객의 궁극적인 열망(Desire)과 함께 세부 니즈를 보면서 내가 생각한 혁신 콘셉트가 고객의 기대를 충족하는지, 얼마나 혁신적으로 받아들여질지를 반문해봐야 한다.

3) 세 번째 다차원적 사고 : 다르게 보기 ↔ 이상향 보기

'다르게 보기'란 하나의 비즈니스 리프레임 콘셉트에 갇혀 있지 말고 다른 시각은 없는지를 생각해보는 것이다. 물론 다르다고 다 좋은 건 아니다. 다르게 보기와 함께, '이상향 보기'를 통해 생각하는 콘셉트가 구현되었을 때의 모습을 상상하면서 이 콘셉트로 충분한지를 연상해봐야 한다. 이상적인 최종 모습을 상상할 수 없다면 아이디어가 더 필요하거나, 좀 더 구체적인 아이디어가 필요하다는 의미일지 모른다. 더 구체적이고 가시적으로 콘셉트를 생각하는 노력을 해야 완성도 높은 비즈니스 리프레임을 할 수 있다.

4) 네 번째 다차원적 사고 : 꿰뚫어 보기

'꿰뚫어 보기'는 말 그대로 앞서 설명한 3가지를 모두 연결해서 보는 것이다. 전체적인 비즈니스 콘셉트를 중심으로 스토리가 꿰어지는지를 보는 것이다. 앞으로의 변화 흐름과 맞는지, 경쟁력이 충분히 있고, 차별화되는지, 고객에게 가치가 있고 그 가치를 충족할 만한 아이디어들이 있는지를 꿰어보고 부족한 부분을 다시 채우는 과정이다. 이 단계는 스토리텔링 단계이기도 하다. 전체를 꿰는 스토리가 설득력이 있는지를 보는 것이다.

◆ 다차원적 사고 체크리스트 활용하기

　회사 생활을 하다 보면 유명 컨설팅 회사의 리포트를 접할 기회가 많이 있다. 이 외에도 내부에서 수행한 다양한 프로젝트도 수도 없이 보게 된다. 하지만 영혼 없는 문서들이 의외로 많다. 나는 "영혼이 없다"라는 표현을 종종 사용한다. 트렌드 분석, 경쟁사 분석, 고객 조사, 수많은 아이디어, 콘셉트, 전략 등 모든 구성은 갖췄지만 '이거다', '이렇게 해야 되겠다'는 확신을 주지 못하는 경우에 이렇게 느낀다. 괜찮은 듯했다가도 조금만 생각해 보면 또다시 확신이 서지 않는 경우도 있다. 나는 이런 프로젝트나 문서를 보면 영혼이 없는 것 같이 느껴진다. 타깃 고객의 페르소나라고 만든 문서를 보더라도 사진, 나이, 직업, 성격, 행태 등 구성 요소는 갖췄지만, 말 그대로 요소만 있지, "이 타깃 고객을 대상으로 상품을 만들면 되겠다"라는 확신을 주지 못하는 경우가 많다. 아직까지 "영혼이 없다"라는 말을 대신할 만한 다른 좋은 표현을 찾지 못했다.

　왜 영혼이 없는 것일까? 제대로 깊이 있게 고민하지 않았기 때문이다. 이 부분을 대부분의 책들에서는 '인사이트'라는 보이지 않는 박스로 가려 놓곤 한다. 인사이트를 가지고 고객을 연구하고, 아이디어를 내고 콘셉트를 만들라고 한다. 나는 이 보이지 않는 인사이트라는 박스를 어떻게 보이는 박스로 만들지를 고민 끝에 다음의 〈표4와 같은 다차원적 사고 체크리스트〉를 만들어

활용하게 되었다. 결국 우리가 하고자 하는 활동은 좋은 리포트를 쓰는 것이 아니라 기업을 움직이는, 설득하는 힘을 만들고자 하는 것이다. 나 혼자만 생각해서 되는 일이 아니라 최대한 블랙박스로 가려져 있는 생각을 펼쳐 놓고 같이 논의해야 한다. 혼자 고민을 해야 하는 상황에서도 최대한 다양한 사고를 적어 놓고 스스로 더 깊은 고민을 하도록 스스로를 푸시(push)해야 한다.

체크리스트를 만들어 표를 채워가면서 다차원적 사고를 하는 것은 단순히 자료가 '있다, 없다'를 보려는 것이 아니다. 그것들을 다 엮어 의사 결정자들 앞에서 발표했을 때 '이것이 문제였고, 이렇게 하면 되겠다'라는 꿈과 희망을 줄 수 있는지를 보기 위함이다. 준비한 자료로 발표했을 때 관중들의 반응을 연상해보는 방법이다. 내가 회사를 다니면서 운 좋게도 좋은 멘토와 일을 할 기회도 있었다. 그 중 한 분이 알려준 방법이기도 하다. 프로젝트 완료 보고를 할 때 내 보고서가 잘 써졌는지를 스스로 판단해 보는 방법은 발표를 할 때 관중들에게 꿈과 희망을 줄 수 있는지를 상상해 보는 것이다. 꿈과 희망을 주려면 모든 다차원적 사고 단계의 내용을 가지고 구체적이고 가시적으로 스토리텔링 되어야만 가능한 것이다. 새롭고 신선한 아이디어나, 정보의 나열로 되는 것이 아니다.

○ 〈표4 다차원적 사고 체크 리스트〉

		사회문화	시장	고객	아이디어
		사회 문화, 라이프 스타일, 소비 성향	직접적 경쟁사 및 잠재적 경쟁사의 경쟁 상황	고객의 가치, 니즈, 원츠	프로젝트를 통해 도출한 아이디어들
과거 보기 ↔ 미래 보기	과거, 현재, 미래를 정의한다.				
숲 보기 ↔ 나무 보기	전체적인 큰 그림과 함께 큰 그림을 구성하는 요소를 정의한다.				
다르게 보기 ↔ 이상향 보기	새로운 시각은 없는지를 보고 새로운 시각을 통해 만들어질 이상적인 모습을 연상한다.				
꿰뚫어 보기		모든 스토리가 선정한 비즈니스 리프레임 콘셉트로 꿰뚫어지는지를 본다.			

조직의
센스를 키워라

♦ 센싱은 실행을 위한 시작이다

앞으로는 센스 있는 조직이 경쟁력 있는 조직이 될 것이다. 이제는 국경 없는 소비가 일어나고 있어 글로벌 레벨의 센스가 필수가 되었다. 지금까지 우리는 해외의 선진 기업을 벤치마킹하고 깊이 있는 고민 없이 빨리 따라가는 것만으로도 큰 경쟁력이 되었다. 빨리 따라가는 것은 우리나라 기업의 큰 장점 중 하나이다. 하지만 이제는 누구를 따라가는 것으로 시장에서 살아남기 힘들게 되었다. 센스를 키운다는 것은 변화에 민감해진다는 것과 같다. 변화를 우리들은 트렌드라고도 부른다. 그러나 나는 트렌드를 쫓지 말라고 주장하는 사람 중 하나이다. 지금까지 비즈니스 리프레임과 고객 리프레임을 주장한 기저에도 주관을 가지고 사람의 열망(Desire)을 읽고 업의 본질적 가치를 파악해야 된다고 주장했다.

그렇다면 센스를 왜 키워야 하는가? 트렌드를 쫓지 않는다고 트렌드에 대해 알지 말라고 하는 것은 아니다. 트렌드를 쫓지 않기 위해서 트렌드를 알아야 한다. 트렌드를 쫓지 말라는 의미도 명확히 이해해야 한다. 자신의 관점 없이, 정확한 의도와 목적 없이 쫓지 말라는 의미이지 모든 트렌드를 무시하라는 말이 아니다. 트렌드는 아는 것이 중요하다. "아는 만큼 보인다"라는 말도 있듯이 알아야만 주관을 가지고 의사 결정을 할 수 있다. 어떤 트렌드를 받아들여서 그에 맞는 대응을 할지, 아직은 영향력이 작으나 트렌드 시그널을 찾아 남들보다 한 발 앞선 행보를 걸을 것인지, 나만의 길을 갈지 등 의사 결정을 할 수 있다.

트렌드를 받아들이는 것이 나쁜 선택도 아니다. 하지만 받아들일 때는 나의 것으로 해석해서 내재화하는 단계를 거쳐 수용해야 한다. 그런데 트렌드를 읽는 것으로 끝나는 경우가 많다. 트렌드를 내재화 없이 적용하면 마치 예쁘고 화려한 포장지 안에 허술한 물건이 담긴 선물을 고객에게 주는 것과 같다. 이런 선물을 받았을 때 우리는 실망을 한다. 화려한 마케팅으로 트렌디하게 포장했는데 상품은 그렇지 않은 경우이다.

트렌드를 센싱하는 최종 목적은 아는 것에 그치는 것이 아니라 센싱을 통해 남들보다 먼저 기회를 포착하고 실행을 위한 방법의 제시로 끌어내는 것이다. 조직의 센스를 올리는 활동은 트렌드 읽기를 시작으로, 읽은 트렌드는 분석해서 고객의 내재된 욕망을 찾아 의미를 해석하는 단계를 거쳐, 이를 산업의 이슈로 정의하고 실제 기업이 실행할 수 있는 활동 제시를 하는 것까지 최종 목표로 해야 한다. 이를 〈표5〉처럼 'what → What → Why → How'로 표현해 기억할 수도 있다. 처음의 what은 일상에서 트렌드를 센싱하는 단계이다. 일상에서 쉽게 감각을 키우는 단계라 소문자 w로 표현했다. 두 번째 단계의 What은 '이 트렌드로 인해 어떤 변화가 일어나고 있는가?'에 대한 이해로, 센싱한 트렌드가 사람들에게 미치는 영향을 해석하는 단계이다. 그래서 처음의 트렌드 센싱 단계보다 깊이 있는 의미를 해석하는 단계이므로 대문자 What으로 표현했다. 세 번째 Why는 앞에서 의미를 해석한 내용을 통해 "왜 이런 트렌드가 나타나는가?"를 질문해 보며 산업의 이슈로 정의해내는 단계이다. 마지막 How는 실행을 위한 활동을 제시하는 단계이다.

○ 〈표5 what–What–Why–How〉

조직 센스를 키우는 활동	what 무엇이 요즘 트렌드인가?	What 이 트렌드로 인해 어떤 변화가 일어나고 있는가?	Why 왜 이런 트렌드가 나타나는가?	How 어떻게 대응해야 하는가?
	트렌드 센싱	의미 해석	산업 이슈 도출	실행 아이디어
실행 방안	하루 10분 루틴	사람 중심 해석	뿌리와 줄기 이해	5Hows

♦ what 트렌드 센싱 : 센스를 키우는 하루 10분 루틴 만들기

현대 경영학을 창시한 학자로 평가받고 있는 피터 드러커 (Peter Drucker)는 "트렌드를 읽는다고 100% 성공을 보장할 수는 없다. 하지만 트렌드를 읽지 못하면 100% 실패를 보장한다"라고 말하기도 했다. 트렌드를 읽는 방법은 트렌드 관련 서적을 읽는 것도 있고 최근에 많아진 트렌드 뉴스 레터를 받아보는 것도 있다. 대기업은 자체적인 정보를 전사에 공유하기도 한다. 하지만 요즘은 국가 기관에서 발행하는 리포트, 기업에서 온라인에 올려놓은 트렌드 자료도 쉽게 찾아볼 수 있다.

트렌드를 읽겠다고 마음만 먹으면 소스들은 넘쳐난다. 책으로 한 번에 읽는 방법도 있지만 나는 하루 10분 트렌드 정보를 접하는 방법을 추천한다. 기업에서 매일 발송하는 트렌드 자료가 있다면 이것으로 시작해도 되지만 요즘과 같이 기업 밖의 트렌드가 빨리 변화하고 있고 산업 간 경계가 무너지고 있는 상황에서는 외부 뉴스레터를 같이 받아보는 것을 추천한다. 외부 정보를 같이 보는 또 다른 이유는, 남들과 차별화된 시각을 갖기 위해서는 차별화된 정보가 필요하기 때문이다.

한편 센스를 키우기 위해서는 루틴을 만드는 것이 중요다. 하루 10분의 정보가 쌓이면 1년이면 61시간 가까이 된다. 합산된 시간도 중요하겠지만 이보다 더 중요한 것은 트렌드는 흐름이기 때문이다. 흐름 속에서 어떻게 진화하고 커지는지, 반대로 영향력이 줄어드는

지, 변형되는지 등을 파악하는 것이 트렌드를 읽는 일이다. 마치 우리가 신문을 헤드라인이라도 매일 보듯이 말이다.

앞에서도 해외 트렌드를 봐야 된다고 언급하기도 했지만, 다시 한번 강조하는 이유는 많은 사람들이 알고는 있으나 실행을 못하는 부분이기 때문이다. 초연결 시대라고 개념적으로 다 알고 있지만 해외 트렌드 읽는 것은 간과되고 있다. 트렌드를 읽을 때 해외까지 센싱하기는 쉽지 않겠지만, 이런 노력 없이 조직의 센스를 키우기는 어렵다. 내가 하는 방법은 매일 주요 리서치 회사와 신문사의 뉴스레터를 받아보는 것이다. 아무래도 IT 업종에서 일하고 있기 때문에 기본적으로 기술, 경영, 소비, 라이프 스타일 트렌드 항목을 트래킹하고 있다. 개인이 하기 힘들면 회사에서 직원을 위해 업종에 관련된 트렌드를 구독해서 전사에 매일 아침, 주기적으로 공유해주는 방법이 있다.

♦ What 의미 해석 : 센싱 대상을 산업에서 사람으로 바꿔 보라

많은 사람들이 자기 분야의 트렌드는 알고 있다고 생각할 것이다. 고객 중심으로 경영해야 된다고 알고 있지만 산업의 센스만 키우고 있는 건 아닌지 객관화해봐야 한다. 사람들이 무엇을 좋아하고 어디에 관심을 가지고 있고, 무엇을 열망하는지를 봐야 한다. 예를 들어, 내가 카페를 하고 있다고 하면, 커피 소비 관련 트렌드만이 아니라 비슷한 음료 시장 전반의 소비 행태 변화

트렌드를 보듯이 인접한 분야를 같이 봐야 한다. 대체 시장인 홈 카페, 건강에 대한 관심, 카페 외 다른 곳에서 모임이나 미팅을 하는지 등 사람을 중심으로 범위를 선정하여 트렌드를 센싱해야 한다.

사람을 중심으로 범위를 나누면 카페의 경우 사람의 섭취 점유(stomach share), 시간 점유(time share), 공간 점유(place share)를 봐야 한다. 앞에 '사람'을 붙여서 고민하여 단순히 수치 정보가 아니라 어떤 유형의 사람이 왜 섭취하고, 왜 그 시간에 가고, 왜 그 공간에 가고 싶은지를 살펴보아야 한다.

- 섭취 점유(Stomach share) : 사람들의 하루, 일주일의 커피 소비, 커피 외 즐기는 음료나 음식 관련 트렌드 등의 점유율을 가리킨다.
  예) 섭취 측면에서는 트렌드 점유율을 살펴보면 건강을 생각하는 사람들이 늘어 카페의 경쟁사는 샐러드, 물, 기능성 음료, 차를 파는 회사까지 확대될 될 수 있다. 사람이 하루에 먹는 양은 대략 정해져 있으므로 커피를 줄이고 먹는 음식을 생각해보면 된다.
- 시간 점유(time share) : 사람들이 카페를 방문하는 시간, 그 시간에 새로 나타나는 대체 활동 트렌드 등을 가리킨다.
  예) 시간 관점에서 카페의 경쟁사는 피트니스센터, 모바일 쇼핑, 자기계발 행위 등이다. 회사원들 중에 점심시간을 이용해서 운동을 하거나 쇼핑을 하고 독서, 블로그, 어학 공부를 하는 사람들이 늘고 있다.

- 공간 점유(place share) : 사람들이 방문하는 카페 공간 트렌드, 그 공간에서 무엇을 하는지, 카페 외 새로 나타나는 대체 공간은 어디인지 공간 방문 목적의 트렌드는 어떻게 변화하는지 등을 가리킨다.

  예) 공간 측면에서의 경쟁사는 피크닉을 즐기러 가는 파크, 산책로, 집이 될 수 있다.

카페를 예로 들어보면 당연하다는 듯이 받아들이겠지만 실제 자신이 속한 산업을 '사람'의 행태 중심으로 트렌드를 보는 사람은 많지 않다. 접하는 정보가 대부분 경쟁사나, 속해 있는 산업의 트렌드에 그치는 경우가 많기 때문이다. 그렇기 때문에 의식적으로 '사람'의 트렌드로 치환해서 해석하는 노력을 해야 한다.

♦ Why 산업의 이슈 도출 : 트렌드의 뿌리와 줄기를 찾아라

요즘은 트렌드 관련 서적도 많고 유튜브 콘텐츠도 많이 있다. 그래서 그런지 권위 있는 사람의 한 마디를 그대로 받아들이는 경우도 많다. 트렌드의 사전적 정의는 사상이나 행동 또는 어떤 현상에서 나타나는 일정한 방향이다(고려대한국어대사전). 트렌드는 움직이는 방향을 의미하는 것이므로 그 안의 현상들은 말 그대로 하나의 현상으로 보고 원인을 파악해야 제대로 트렌드를 분석할 수 있다. 우리가 모든 현상을 다 파악해서 알 수는 없다. 그렇기 때문에 더욱 트렌드의 원인을 파악해봐야 한다. 현상에는 이유가 있다. 그 현상이 왜 발생했는지(뿌리)를 파악하고 흐름(줄기)을 보면 그 현상과 주변 현상까지 이해하기 쉬워진다. 원인을 파고들면 결국에 '사람'을 이해할 수 있고, 트렌드는 원인을 파악해야 내가 속한 산업, 기업에 어떤 영향이 있고 어떻게 기회로 만들지를 고민해볼 수 있다.

다시 커피에 대한 예를 들어보면, 홈카페가 늘어나고 있다는 현상을 읽었다고 하자. 홈카페가 증가한 이유는 물론 코로나로 이후에도 지속되고 있는 재택 근무의 증가도 있고, 여러 직업을 갖는 N잡러의 증가, 크리에이터와 같이 시간이 유연한 직업을 가진 사람의 증가도 있다. 또한 원자재 비용 상승으로 비싸진 가격으로 집에서 커피를 마시는 것을 선택하는 사람도 늘었다. 이렇게 해서 파생된 새로운 소비 중에 디저트 판매의 증가도 있다. 이뿐만 아니라 커피 만들 때 필요한 액세서리, 커피잔 등 장비의 수요도가 상승했다. 이는 단순히 커피 소비를 넘어 사람들의 새로운 여가·취미 양식으로 자리 잡게 될 수 있다는 것을 의미한다. 이와 같이 트렌드는 서로 연결되어 원인과 결과로 이어진다. 하나의 현상을 가지고 뿌리와 줄기를 이어가면서 생각해보면 트렌드를 읽는 센스를 키워갈 수 있다.

트렌드의 뿌리와 줄기 찾기에 활용할 수 있는 방법론은 5Why를 이용하여 그 원인을 파악해보고, 다음 〈표6〉과 같이 마인드맵을 그려보는 것이 도움이 된다. 서로의 연관성을 보면서 줄기를 그려보면 사람들의 관심사, 가치관, 열망(Desiere)의 변화를 이해할 수 있다. 마인드맵(Mind Map)은 몇 가지 정보를 가지고 나의 생각으로 펼쳐가도 된다. 마인드맵을 구성하는 정보들을 모두 찾을 필요 없이 먼저 떠오르는 것을 적어보고, 이후 리서치를 해보면서 채워 나가도 된다. 모든 정보를 다 모아야 된다는 강박을 버리고 있는 정보로 시작하면 된다. 그런 다음에는 수치적인 데이터를 찾아 얼마나 영향력이 큰지를 파악해보면 된다. 물론 이 활동을 혼자 해도 되지만 조직원들과 같이 해도 된다.

○〈표6 홈카페 트렌드 마인드맵 사례〉

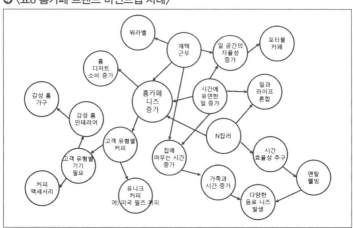

◆ How 실행 방안 : 센스의 시작은 what으로, 끝은 How로 키운다

마지막으로 How는 우리 회사에서 한다면 어떻게 할 수 있을까를 생각해보는 것이다. 중요한 이슈를 발굴해서 기업 내에 좋은 인사이트를 주기는 했지만, 그래서 무엇을 어떻게 하라는 것일까 하는 물음표만 남기는 경우가 있다. 물음표만 남기지 않으려면 How까지 제시해야 한다. 기사나 책 등에서 Why가 많이 강조되다 보니 How가 잊혀지는 듯하다. 기업에서 How를 제시하지 않고 Why만 얘기하면 좋은 정보 제공으로 끝난다. How까지 생각하는 힘을 키우는 방법 중 하나는 5Whys와 같은 방법에서 대신 How로 대체하여 5Hows 사고를 해보는 것이다. 5Whys는 1장에서 예시와 함께 설명을 해 놓았으니, 기억의 상기가 필요하면 다시 한번 보도록 하자.

5Whys가 문제의 본질을 이해하는 데 사용된다면 5Hows는 문제에 대한 솔루션의 방향을 찾는 데 사용된다. 〈표7〉에 5Hows의 예시를 집에서 나만의 커피를 즐기는 문화에 대한 사례로 적어 놓았다. 한 가지, 이 단계에서 도출한 How는 '이런 솔

루션이 있을 수 있다'는 아이디어이지 '솔루션을 바로 실행해야 된다'라고 받아들이면 안 된다. 연말이나 시간 여유가 있는 시점에 이 작업을 하고 다음 프로젝트 구상을 하기 위한 밑거름으로 사용할 수 있다. 조직의 센스를 How 레벨까지 올려 놓았기 때문에 빨리 움직여 프로젝트화할 수 있다. 이런 대략의 구상을 해놓고 프로젝트를 시작해야 영향력 있는 프로젝트를 발의할 수 있다. 여러 사람이 다양한 시각으로 해석하고 적용 방안을 고민하다 보면 한 명이 생각하지 못했던 다른 방안이 나오곤 한다. 조직원들과 같이 이슈를 놓고 토의를 하면 정보를 찾은 사람만이 아니라 조직원 전체의 지식 레벨이 올라간다. 조직의 센스를 키운다는 것은 발견한 what이 끝이 아니라 시작이고, 이에 더해 How까지 제시하는 것이다.

◑ 〈표7 집에서 나만의 커피를 즐기는 문화에 대한 5Hows 사례〉

1st How	어떻게 집에서 나만의 커피를 제대로 즐길 수 있게 해주지?	1st Answer	개인이 좋아할 만한 커피를 매달 선물처럼 보내준다.
2nd How	어떻게 좋아하는 커피를 알고 선물처럼 구성하지?	2nd Answer	서비스 초기에 개인이 좋아하는 커피를 찾을 수 있도록 도와준다.
3rd How?	어떻게 좋아하는 커피를 찾을 수 있도록 도와주지?	3rd Answer	매달 새로운 커피를 커피 정보가 기록된 카드와 함께 보내 준다.
4th How	어떻게 커피 정보로 고객의 취향을 파악할 수 있지?	4th Answer	맛을 표현하는 템플릿을 만들어 체크할 수 있게 하여 다음 달 구독 커피를 추천해 준다.
5th How	어떻게 다음 달 구독 커리 세트를 구성해서 구독이 이어질 수 있도록 하지?	5th Answer	체크한 맛에 따른 커피와 새로운 타입의 커피를 섞어서 배달해 주고, 고객이 비율을 선택할 수 있게 한다. 이와 함께 커피와 어울리는 마시는 방법, 후식 정보를 제공해 준다.

디테일이 있는
회사는 다르다

◆ 뇌리에 남는 디테일을 찾아라

디테일이 주는 차이를 느껴본 경험들이 있을 것이다. 나도 예전에 스페인 바르셀로나로 출장을 가서 디테일에서 배려심을 느낀 적이 있고, 아직까지도 기억에 남는 일화가 있어서 소개하고자 한다. 스페인 바르셀로나 출장을 가게 된 목적은 MWC(Mobile World Congress: 모바일 월드 콩그레스) 참관을 위해서였다. MWC는 1년에 한 번 2월에 열리는 세계 최대의 모바일 기기 및 관련 기술 박람회이다. 그때는 내가 과장 초년차였고, 처음으로 가는 MWC 참관 출장이라 기대도 컸다.

그런데 박람회 기간이 되면 세계 모바일 관련 기업이 다 모이기 때문에 비행기 표 구입이나 호텔 잡기가 매우 어렵다. 간신히 바르셀로나 외곽에 있는 리조트 호텔 하나를 예약할 수 있었다. MWC 전시장까지 셔틀버스가 아침 저녁으로 다닌다고 해서 멀어도 괜찮다고 생각했다.

밤 늦은 시간, 정확히 기억은 안 나지만 밤 11시도 넘어서 호텔에 도착했던 것 같다. 호텔 직원은 택시에서 내가 내리자 달려 나와 나를 맞아주었다. 여기서부터 다른 호텔과 다르다는 것을 느낄 수 있었다. 마치 나를 기다리고 있었다는 느낌이었다. 내 이름을 확인한 후에 반갑게 이름을 불러줬다. '동양 사람이 많지 않고 이 시간에 도착하는 여행객도 없을 테니 세심하게 챙겨주나 보다'라고 대수롭지 않게 생각했다. 이때만해도 이 호텔은 멀리 한적한 곳에 있어서 그런지 매우 친절하다고만 생각했다. 너무 피곤해서 빨리 체크인하고 방에서 쉬었으면 하는 생각밖에 들지 않았다.

키를 받자마자 방을 찾아갔다. 보기에도 오래된, 10층이 안되는 낮은 건물이었지만 깨끗하게 잘 관리된 호텔이었고, 클래식한 인테리어가 이국적이었다. 호텔 방은 넓지는 않았지만 앤티크(antique)한 가구들과 최고급 TV가 있었다. TV가 B&O 제품이었다. 리모컨으로 TV를 켜니 내가 있는 방향으로 TV 스크린이 움직였다. 이걸 보고 나는 좀 이상하다는 생각이 들었다. 과장 초년차가 출장으로 머물기엔 좀 비싼 호텔이라는 느낌이 왔다. 침대 위에는 내 이름이 적혀진, 손으로 쓴 웰컴 레터가 초콜릿과 함께 놓여 있었다.

레벨이 다른 호텔이라는 확신을 갖게 된 다음 단서는 이튿날 아침 일찍 찾을 수 있었다. 조식을 먹으러 나가려고 문을 여니 문고리에 주머니가 하나 걸려 있었다. 주머니 안에는 A4용지 몇 장이 있었는데, 한국어로 된 신문이었다. 내가 한국 사람인 걸 알고 한국어 신문 기사를 편집해서 넣어둔 것이었다. 아침 식사를 하면서 볼 수 있게 준비해 둔 것이다.

출장자들과 미팅 시간이 있어서 찜찜함을 뒤로하고, 셔틀버스를 타고 MWC가 열리는 전시장에 도착했다. 출장자들에게 이 호텔에 대한 칭찬을 하지 않을 수 없었다. 다들 합리적인 의심을 하기 시작했다. 아무래도 이 호텔 가격을 다시 확인해보는 게 좋겠다고들 했다. 부랴부랴 이메일을 열어 예약서를 꼼꼼히 다시 봤다. 내가 본 금액은 출장 기간인 4박의 금액이 아니라 하루 금액이었던 것이다. 이를 확인하고 나는 다음 날 바로 체크아웃을 하고 다른 출장자와 호텔 방을 같이 썼다.

이 호텔은 아직까지도 기억에 남는다. 어렸을 때부터 여행을 많이 다니며 5성급의 화려한 호텔도 숙박해봤지만, 이 호텔의 디테일에서 느껴지는 고객에 대한 배려와 사려 깊은 서비스는 찾기 쉽지 않다.

물론 출장 다녀와서 예약 실수에 대한 사유서를 써야 했지만 디테일의 힘을 느낄 수 있었던 출장이었다. 내가 느낀 배려와 감동은 멋스러운 건물과 비싼 가전 제품이 아니라, 물론 이런 외적인 부분도 기억에 남을 만한 인상을 줄 수도 있지만, 많은 좋은 기억 속에 방점을 찍은 것은 나의 이름을 불러주고 나에 대한 웰컴임을 느낄 수 있는 손으로 쓴 편지, 내가 관심 있을 만한 기사를 모아 내가 필요할 때 살며시 넣어둔 신문에서였다.

이렇듯 기억에 남는 좋은 경험은 많은 요소 중에서도 도드라진 몇 가지의 디테일에서이다. 그리고 그 디테일은 두리뭉실한 좋은 추억이 아니라 뇌리에 남는 감동을 주게 된다.

◆ 사소함과 디테일의 차이

그렇다면 디테일을 비즈니스에 어떻게 적용해야 될까? 무조건 모든 곳에 디테일을 넣는다고 되는 것은 아니다. 그렇게 하기도 힘들다. 비즈니스는 선택과 집중을 해야 현실화할 수 있다. 나는 디테일과 사소함은 다르다고 생각한다. 디테일은 세부 사항이고 사소하다는 것은 보잘것없이 작거나 적은 것을 의미한다. '사소하다'를 영어로는 하면 '마이너(minor)'로 차이가 더 명확하게 느껴진다.

그렇다면 어떻게 디테일과 사소함을 구분하여 적용할 수 있을까? 비즈니스 리프레임, 고객 리프레임을 통해 정의한 방향에 맞춰 디테일을 적용해야 한다. 방향이 없는 디테일은 사소한 것이 되어버린다. 반대로 비즈니스의 프레임을 잘 잡아도 디테일이 없으면 고객의 뇌리에 남기 어렵다.

기업의 본질, 고객이 궁극적으로 원하는 것, 기업의 철학과 같은 큰 레벨의 것도 결국은 디테일로 표현해야 한다. 비즈니스의 프레임을 잘 잡아도 디테일이 없으면 고객에게 진정성 있게 전달되기 어렵다.

♦ 디테일의 한끝은 한 번 더 고객을 배려한 흔적에서 나온다

애플의 사례로 비즈니스 방향에 맞는 디테일이 무엇인지 설명하고자 한다. 작년 WWDC 2022(World Wide Developer Conference: 애플사가 매년 6월 캘리포니아에서 개최하는 개발자 회의)에서 발표한 새로운 기능 중에 잠금 화면(Lock Screen)의 개인화(Personalization)와 맞춤화(Customization)가 있다.

애플은 잠금 화면에 개인화와 맞춤화가 가능한 위젯을 개인이 배치하고 꾸밀 수 있도록 했다. 잠금 화면에 자신이 필요한 정보를 볼 수 있는 위젯을 배치할 수 있는 기능이다. 잠금 화면에서 다양한 정보를 볼 수 있고 꾸밀 수 있다는 것보다 중요한 포인트는 홈스크린과 포커스 모드(Focus Mode)와 연결할 수 있다는 것이다.

예를 들어, 운전하는 동안의 잠근 화면에 필요한 위젯을 배치하고, 홈 화면에는 운전 중에 자주 쓰는 네비게이션 앱, 뮤직 앱 등을 배치할 수 있다. 운전 중에 전화 수신을 차단하거나 메시지 알람을 무음으로 해 놓을 수 있다. 혹시 위급 상황이 있을 수 있으니 한 사람이 3분 이내 두 번 이상 연락이 오면 전화 수신을 할 수 있도록 세팅도 가능하다. 이와 같은 방식으로 일, 개인, 슬립, 운동 등의 상황에 맞는 잠금 모드, 홈 화면, 포커스 모드를 만들 수 있다.

잠금 화면 개인화와 맞춤화는 모바일 산업의 트렌드이므로 애플만의 기능이라고 할 수는 없다. 내가 디테일의 사례로 설명하고자 하는 바는 고객의 기능적 니즈를 충족하고 여기서 한발 자국 더 고객을 배려한 흔적이 있기 때문이다.

애플은 스와이프 한 번으로 원하는 잠금 화면과 연결된 포커스 모드를 작동시켜 그 시간에 필요한 정보와, 반대로 원치 않는 정보를 받지 않게 해주고 있다. 한 단계 더 나아가서는 잠금 화면이 계속 켜져 있어서 걱정되는 배터리 소모를 고려해 절약 기능을 제공해 주고 있다. 이렇듯 디테일은 세세한 배려가 느껴질 때 힘을 발휘한다.

◆ 디테일 이면의 큰 그림을 보라

앞으로 모바일 기기의 잠금 화면과 포커스 모드는 더욱 세밀하게 연결되어 N잡러, 일과 라이프의 균형을 찾는 사람들, 시간의 유연성을 원하는 사람들 등 예전과 다른 시간 관리와 삶의 방식이 필요한 사람들에게 필요한 디테일 기능으로 진화하게 될 것이다. 약간의 상상을 더하면 상황별 환경까지 만들어 줄 수도 있다.

예를 들어, 집중해서 일을 해야 되는 집중 모드가 실행되면, IoT와 연결되어 집안 환경이 집중하기 가장 좋은 빛의 밝기와 온도, 방해받지 않는 환경, 즉 스마트폰은 진동 모드로, TV나 음악은 꺼진다든지, 아니면 내가 선호하는 백색 소음이 나온다든지 하는 환경이 세팅 될 수 있다. 진화하는 시간 관리와 삶의 방식의 궁극적인 목적은 그 시간에 내가 하고 싶은 활동을 최대한 효과적으로 하고 싶다는 데에 있다.

디테일의 힘은 그 뿌리에 고객의 삶, 고객이 궁극적으로 추구하는 목적에 중심을 두고 고민할 때 기능 충족을 넘어 세세한 배려의 레벨까지 닿을 수 있다. 잠금 화면과 포커스 모드와 같은 한두 개의 기능을 중심으로 보지 않아야 된다는 의미이다.

따라서 디테일을 갖기 위해서는 기능으로의 접근이 아니라 '사람을 중심에 둔 로드맵'으로의 접근이 필요하다. 로드맵이란 어떤 일을 추진하기 위해 필요한 목표, 기준 등 어떤 시점에 무엇을 만들지를 담은 종합적인 빅 픽처(Big Picture) 계획이다. 디테일은 한 번에 되는 것이 아니다. 로드맵으로 꾸준히 그리고 일관된 방향으로 디테일을 더 파고들어 깊이를 만들면 남들이 따라오기 힘든 나만의 디테일이 된다.

로드맵 접근은 시간의 개념을 가지고 계획하는 것이다. 로드맵을 가지고 진화, 발전시킬 수 있는 것이 아니라면 그 브랜드만의 디테일이 되기 힘들다는 것과 같다. 지속성과 방향성이 뒷받침되지 않으면 남들이 금방 카피할 수 있게 되고, 처음에 고객에게 준 디테일의 감동이 희석되고 만다.

이렇듯 디테일이 큰 차이를 만들지만 디테일은 큰 그림과 목적이 없이는 사소한 것이 되어 버린다. 사소함이 되지 않기 위해서 로드맵으로 접근하여 한 번 더, 그리고 또 한 번 더 디테일을 더해 기능적 니즈 충족을 넘어서야 한다.

앞서 내가 체험한 호텔도 직원들의 몸에 밴 친절과 배려, 감동은 호텔의 철학과 이에 기반한 습득된 서비스에서 나오는 것이고, 이는 시간을 두고 빌드업해 온 것이지 한 번에 완성된 것은 아니다. 특히나 IT 분야는 한 번에 완벽하기 어렵다. 어려운 정도가 아니라, 나는 한 번에 완벽할 수 없다고 본다. 그래서 로드맵을 가지고 꾸준히 개발해 나가는 접근이 필요하다.

신념을
마케팅하라

♦ 신념이 상품이 되는 시대

마케팅이라고 하면 판매할 제품과 서비스를 알리는 활동으로만 생각할 필요는 없다. 상품이 굳이 물질적일 필요가 없다는 의미이다. 애플, 테슬라, 메타(페이스북), 나이키, 파타고니아와 같은 기업들은 자신들이 구현하고자 하는 미래, 경영 철학, 비전 등을 적극적으로 마케팅한다. 이들은 신념을 표현하는 문구만을 내세우는 것이 아니라 이를 눈에 보이도록 제시한다.

'신념'의 사전적 의미는 굳게 믿는 마음이다. 신념의 의미를 잘 설명하고 있는 중국 이광의 일화가 있다. 중국에 이광이라는 사람이 밤에 산길을 걷고 있는데, 갑자기 큰 호랑이가 달려들었다. 그는 깜짝 놀라서 가지고 있던 활로 있는 힘을 다하여 호랑이를 향해 쏘았다. 그러나 화살이 박힌 호랑이는 조금도 꿈틀하지 않았다. 이상하게 생각되어 가까이 다가가 살펴보니 그것은 다름 아닌 호랑이 모양을 한 커다란 바위였다. "아니, 내가 화살로 바위를 뚫었다니!" 이광은 신기하게 여겨 다시 한번 바위를 향하여 화살을 쏘아보았다. 그랬더니 이번에는 화살이 바위를 뚫지 못하고 튕겨 나와 버렸다. 이처럼 혼신의 힘을 다했을 때는 바위를 뚫을 수 있었지만, 그렇지 않았을 때는 바위를 뚫을 수 없었다. 소비자들은 그 회사가 신념을 가지고 메시지를 주고 있는지, 아니면 한 번의 이벤트성으로 멋진 멘트를 날린 것인지 구분할 수 있다.

글로벌 컨설팅 회사인 액센추어(Accenture)가 조사한 결과에 따르면 소비자의 62%는 기업이 자신이 열정을 갖고 있는 주제를 옹호하기를 원하고, 소비자의 66%는 투명성이 브랜드의 가장 매력적인 특성이라고 생각한다. 또한 소비자의 52%는 브랜드가 제품과 서비스보다 더 큰 것을 의미하기를 원한다고 한다. (Accenture 2018, FROM ME TO WE, THE RISE OF THE PURPOSE-LED BRAND)

신념을 마케팅한다는 것이 좀 거창해 보일 수 있으나 풀어서 설명하면 기업이 구현하고자 하는 미래, 경영 철학, 비전 등을 고객에게 전달하는 활동이라고 할 수 있다. 액센추어가 조사한 결과에서와 같이 소비자들은 기업이 생각하는 신념이 자신의 것과 같고 이 신념을 실현하기 위해 끊임없이 노력하며, 투명하게 소통할 때 매력을 느낀다. 신념이 외부로 표현되었을 때 진정성과 진심을 느낄 수 있기 때문이다. 이 외에도 신념을 마케팅했을 때의 장점은 자신만의 프레임으로 시장을 창출하면서, 대중에게 긍정적으로 기억되는 기업이 될 수 있다는 것이다.

신념을 마케팅하는 회사들은 파타고니아, 나이키, 룰루레몬과 같은 패션 브랜드에서 쉽게 찾아볼 수 있다. 이러한 신념 마케팅은 하이테크 기업에서 최근 적극적으로 활용되고 있다. 패션 업계와 하이테크 업계의 가장 큰 차이 중 하나는 하이테크 상품의 개발 주기가 길다는 것이다. 그렇다 보니 기업이 신념을 가지고 연구 개발을 시작해서 출시하기까지 상당한 시간이 걸린다. 길게는 10년 짧게는 3년 정도가 걸린다. 그래서 하이테크 기업이 신념을 마케팅한다는 것은 웬만한 열정과 자신감 없이는 실행하기 쉽지 않다. 한번 해보고, 아니면 말고의 방식으로는 성공할 수 없다. 반대로 해석하면 이 정도로 확고한 신념이 있기 때문에 할 수 있는 일이고, 성공했을 시에 시장과 대중에게 큰 호응과 팬덤(fandom) 형성까지 이어질 수 있다. 신념 마케팅의 단계는 크게 비전 개발, 선행 콘셉트 개발, 베타테스트(Beta test)의 3개로 구분할 수 있다. 다음은 각각의 단계를 구체적으로 살펴보자.

♦ 신념 마케팅의 1단계 : 상품 비전 알리기

신념이 만들어지는 시기는 상용화 상품 개발 전 단계이다. 당연한 말 같지만 어떤 신념으로 상품을 만들었는지 알리지 않으면 고객 입장에서는 알 수가 없다. 그것이 얼마나 오랜 기간 갈고 닦은 간절한 신념인지 고객은 알 수 없다. 당연한 말 같아도 많은 기업들은 제품을 알릴 뿐 신념을 알리는 것에 서툴다.

신념을 마케팅하는 첫 단계는 먼저 상품에 대한 비전이 생긴 시점에서 시작한다. 하지만 비전은 가시적 형태로 표현해야 전달할 수 있다. 비전 개발 단계는 상품을 통한 가치를 보여주는 청사진을 그리는 단계로, 이 단계에서 기업은 주요 원천 기술이나 전문 분야의 지식을 확보한다. 확보한 주요 원천 기술, 연구한 지식을 학회나 포럼에 발표하거나 비전을 담은 영상을 발표하기도 한다. 메타(페이스북)의 경우 2021년 페이스북에서 메타로 사명을 변경하면서 메타버스를 현실화하는 회사로 거듭나겠다는 굳은 의지를 보였다. 페이스북 커넥트 키노트에서 비전 영상과 시현으로 그들이 생각하는 메타버스에 대한 미래상을 제시하기도 했다. 이제는 메타(페이스북)가 메타버스를 추진한다는 것을 모르는 사람들이 없을 정도로 널리 알려졌다.

♦ 신념 마케팅의 2단계 : 선행 콘셉트 알리기

두 번째는 선행 콘셉트 개발 단계이다. 이 단계는 상품의 유용성과 혁신성, 상품으로서의 가치를 보여줄 수 있도록 구체화된 형태로 시제품(Prototypes)을 만드는 단계이다. 상용화 레벨의 상품은 아니나 고객이 콘셉트 시현을 해보고 콘셉트를 이해할 수 있는 정도로 개발해보는 것이다. 모든 콘셉트 개발 단계의 상품이 상용화가 바로 되는 것은 아니지만, 기업 내부에서 상품화 가능성을 가늠해보기 위해 콘셉트 개발을 하게 된다.

신문에서 종종 어떤 회사가 지적재산권을 확보했다는 기사를 접해보았을 것이다. 이 단계에서 기업은 지적재산권들을 미리 확보하여 보호받을 수 있도록 하고 그 분야에서의 리딩 이미지를 만들어 간다. 선행 콘셉트 개발의 사례로 구글의 딥마인드(Google DeepMind)에서 만든 '알파고(AlphaGo)'를 들 수 있다. 2016년 3월 9일부터 15일까지 열린 알파고 AI와 인간과의 대국 이벤트를 통해 세계 많은 사람들이 인간의 지적 능력과 견줄 만한 AI를 구글이 만들고 있다는 사실을 알게 되었다. 이 매치로 인해 먼 미래로 보였던 인공지능 기술의 실용화가 가까이 왔다는 강한 인상을 대중에게 남겼으며, 인공지능에 대해 사회적으로 논의하는 계기가 되었다. 이후, 사람들은 AI가 대체할 직업과 대체하지 못할 직업에 대한 고민도 활발히 하게 되었다. 선행 콘셉트를 적극적으로 홍보했을 경우 고객들로부터 우려점과 기대치를 미리 들어보고 어떤 방향으로 개발을 해 나갈지에 대한 방향을 잡아 갈 수 있게 되고, 투자와 협력 파트너를 유치하는 기회를 넓힐 수 있다. 이를 통해 기업이 생각하는 프레임으로 세상을 재편할 수도 있게 된다.

최근에 소개된 미국의 AI 개발 기업인 오픈AI사가 만든 챗(Chat)GPT가 있다. 챗GPT는 대화형 AI 서비스로 단순한 검색엔진이나 챗봇 수준을 넘어 논문 작성, 번역, 작사·작곡, 코딩까지할 수 있다. 오픈AI사는 챗GPT 프로토타입을 2022년 11월 30일 출시했다. 챗GPT는 출시한 지 2개월 만에 월 사용자 1억 명을 돌파했다. 프로토타입이 공개되고 엄청난 관심과 글로벌 기업과의 협력이 이어지며 서비스가 가진 상업적 성공을 시장에증명하게 되었다. 그리고 이와 같은 긍정적인 반응에 오픈AI는'챗GPT 플러스' 유료 구독 서비스를 시작하겠다고 2월 1일 밝혔다. 선행 콘셉트 개발 단계를 통해 기업의 신념을 가시화하여 마케팅했을 때에 기업은 리드 고객이나 협력 파트너의 수용도, 잠재 니즈 파악, 이를 통한 시장 가능성, 시장 출시 시점과 타깃 시장을 가늠해 보고 정교화해 나가는 발판을 마련할 수 있다. 선행콘셉트를 만들어보는 것에 그치는 것이 아니라 이를 적극적으로알리는 마케팅 활동이 동반되었을 때 시장에서 자신의 비즈니스프레임 초석을 다질 수 있다.

◆ 신념 마케팅의 3단계 : 베타테스트 알리기

세 번째 베타테스트(Beta Test)는 상용화 직전의 상품을 만들어

테스트하는 단계이다. 이 단계는 상품화 마지막 단계로 상품의 완성도를 높이기 위해 시행된다. 많은 S/W개발 회사, 게임 개발 회사, 화장품 브랜드들도 진행하고 있다. 베타 테스트가 기업에서 출시 전에 많이 진행되고 있지만, 이를 마케팅으로 활용하느냐 안 하느냐에 차이가 있다. 애플의 경우 iOS 공개 전 베타테스터를 모집하여 사용자의 피드백을 수집하는 것과 함께 테스터들의 후기를 통해 바이럴 마케팅(Viral marketing)을 유도한다. 테스터들은 자신의 의견을 애플에 보내 소프트웨어 개선에 기여하게 된다. 이에 그치지 않고 테스트에 참여한 멤버들은 자신의 개선 방향을 솔직하게 SNS에 이야기한다.

베타테스트를 통해 애플은 리드 고객으로부터 개선 의견을 받고, 이를 넘어 이들이 올린 SNS콘텐츠를 통해 자연스럽게 대중에게 상품에 대한 기대감을 형성하는 효과를 얻는다. 애플은 팬덤이 두터운 기업이라 테스터 모집이 상대적으로 수월하겠지만, 스타트업이나 중소 기업에서 베타테스트 시에 모은 테스터들을 피드백 받는 것으로만 활용하는 것이 아니라, SNS 활동까지 이어질 수 있도록 의도적인 촉진이 필요하다. 베타테스트를 개발 활동만이 아닌 마케팅의 일환으로 생각을 확장하여 바이럴을 만들어갔으면 한다.

○ 〈표9 신념 마케팅 3단계 프로세스〉

	상품 비전	선행 콘셉트	베타테스트
개발 단계	상품을 통한 미래 청사진을 제시. 원천 기술이나 분야의 전문 지식 확보	기술 또는 지식에 기반한 상품 콘셉트를 개발	상용화 직전의 상품을 만들어 테스트
마케팅 활동	선점하고자 하는 주제를 학회나 포럼에 발표. 비전을 담은 영상을 만들어 주요 전시회에 발표. 특허를 확보한 기술 홍보	프로토타입을 만들어 리드 고객이 체험해볼 수 있도록 전시회에 전시. 특별 초대 방식으로 사용해 볼 수 있는 기회 제공.	사용화 전 리드 고객을 초청하여 상품 소개. 직접 사용해 볼 수 있는 기회 제공
기대 효과	이슈를 선점하여 산업을 리딩하는 이미지 확보	리드 고객이나 협력 파트너의 수용도, 잠재 니즈 파악. 이를 통해 시장 가능성, 시장 출시 시점과 타깃 시장 예측	출시 전 개선 사항을 파악하여 완성도를 올리고 리드 고객의 긍정 입소문을 불러옴
사례	• 메타(페이스북) : 메타버스 비전 발표, 회사명 변경 • 로레알 : 뷰티텍 비전 및 특허 홍보 • 아마존 : 2023 CTO 신년사에서 스포츠를 '분석 가능 데이터 영역으로 혁신할 것'이라고 발표	• 구글 딥마인드의 알파고를 만들어 바둑 경기를 진행 • 오픈AI : 챗GPT 계정 가입 후 사용할 수 있도록 공개 • 로레알 : 뷰티텍(Beauty Tech) 콘셉트 제품 MWC에 전시 • 아마존 : AWS 클라우드 기술 스포츠 산업에 적용	• 애플 : iOS 공개 전 앱 개발자나 일반 베타 테스터들(BetaTester)을 활용하여 피드백 수집

    신념 마케팅을 몇 개의 기업 사례로 설명했지만, 이 외에도 아마존, 로레알 등 많은 기업이 상품을 출시하기 전부터 그들이 믿는 신념을 적극적으로 마케팅하고 있다. 특히 불확실성이 커지는 시대에 신념을 시장과 소통하며 확인하고 산업을 자신의 프레임으로 만들어가기 위해서 시도해볼 만하다. 하지만 이에 따

른 리스크도 없는 것은 아니다. 비전을 선포했지만 비전이 힘을 잃고 구체적 활동으로 이어지지 않았을 때, 대중은 진정성 없는 마케팅으로 여길 수도 있고, 기업의 비전을 부정적으로 보는 시각도 있을 수 있다. 실제 메타(페이스북)도 비관적인 관점이 끊임없이 제기되고 있는 상황이다. 하지만 외국의 선진 기업들이 세계를 리딩하고 있는 것은 그들의 신념이 맞든 틀리든 적극적으로 소통하고 시도하는 과정을 거쳤기에 지금의 리딩하는 포지션을 얻을 수 있게 된 것이다.

4장

REFRAME
CASES

전 세계의 경제적 화두 중 하나가 리프레임이다.
리프레임은 산업 발전이 고도화, 가속화되면서
레거시 시스템(legacy system)에 의존하던
기업의 이익과 경쟁력이 한계에 직면했을 때마다
반복적으로 제기되던 시대적 요구이다.

하지만, IT 산업의 발전, 나아가 인공지능과 로봇화가
급속하게 이루어지면서,
우리 시대에는 리프레임의 필요성이
그 어느 때보다 더욱 절실하게 요구되고 있다.
따라서 미래가 흘러가는 방향을 기민하게 읽어내고,
이에 따라 빠르게 업을 피보팅하는
전환 능력이 더욱 요구된다.
이는 필요의 문제가 아니고 생존의 문제다.

하지만 피보팅은 비전을 유지하되
사업의 방향과 전략을 바꾸어
기업의 생존 능력과 경쟁력을 강화하는 작업이다.
따라서 가치의 문제에 대한 근본적 인식이 동반된다.

이번 장에서는 기업의 가치와
근본 비전을 지켜내면서도
시장이 요구하는 고객 가치 극대화,
디지털 전환의 흐름 등에 부합해
비즈니스 리프레임에 성공한 기업의 사례를 살펴 본다.

업의 개념을 이미지 한 장으로 설명할 수 있는 에어비앤비

◆ 같은 장소, 다른 느낌

에어비앤비의 업의 개념은 '이국에서도 일상적인 경험을 편하게 제공한다'는 것이다. 가령 같은 지역의 숙소 사진이라도 일반적이고 전형적인 호텔룸과는 달리 에어비앤비 호스트가 제공한 아파트의 사진은 아늑하면서도 편안한 느낌, 마치 내 집과 같은 '일상적'인 분위기가 물씬 풍겨나도록 연출된다.

이처럼 에어비앤비는 업의 본질을 자신들의 업의 개념에 맞게 설정하고, 이에 맞는 여행지의 문화와 감성을 입힌다. 여기서 중요한 것은, 아무런 설명 없이 사진으로 보는 것만으로도 에어비앤비 업의 개념이 느껴진다는 점이다.

그렇다면 이런 차이는 어떻게 오는 것일까? 이를 가능케 하는 것이 바로 에어비앤비의 업의 본질인 '코디네이팅 역량'이다. 사진 한 장으로 에어비앤비가 설명될 수 있는 이면에는 이를 가능하게 하는 내부 시스템들이 존재한다.

그럼 이제부터 그 내부 시스템을 들여다보도록 하겠다.

◆ 플랫폼 이해관계자들의 니즈를 충족시키다

에어비앤비의 업의 개념인 '이국에서의 일상적 경험'을 비즈니스화하기 위해 판매하고 있는 상품은 숙박 상품과 경험 상품이다. 호텔업이 판매하는 호텔룸과 상품의 정의부터가 다르다. 에어비앤비의 업의 개념을 가능하게 하는 핵심은 코디네이팅 능력에 있다. 그렇다면 에어비앤비의 코디네이팅은 무엇이 다를까?

에어비앤비는 5개 유형의 이해관계자들(Stakeholders)을 대상으로 코디네이팅을 한다. 바로 호스트, 호텔, 경험 제공자, 포토그래퍼, 그리고 여행객이다. 그리고 이들의 니즈와 역할을 각각 구분하여 각 역할에 맞는 합당한 행위를 할 수 있도록 무대를 마련한다. 이 5명이 제 역할을 했을 때, 에어비앤비의 업의 개념인 이국에서의 일상적 경험이 가능해진다.

실제로도 이 5개 유형의 이해관계자들은 에어비앤비의 플랫폼에서 각자의 역할을 수행하면서 서로 윈윈(win-win)하고 있다. 무엇을 윈윈하는지를 들여다보면, 실제 이 관계는 서로의 니즈

(Needs)를 상호 충족해주고 있다. 〈표1〉에는 에어비앤비가 코디네이팅하는 5개 유형의 이해관계자들의 관계도를 볼 수 있다. 그리고 이 다섯 이해관계자들의 니즈와 역할은 각각 이렇게 정리될 수 있다.

● 〈표1 에어비앤비가 코디네이팅하는 5개 유형의 이해관계자들의 관계도〉

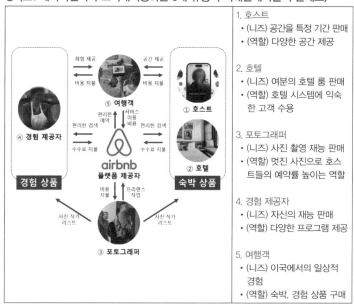

1. 호스트
• (니즈) 공간을 특정 기간 판매
• (역할) 다양한 공간 제공

2. 호텔
• (니즈) 여분의 호텔 룸 판매
• (역할) 호텔 시스템에 익숙한 고객 수용

3. 포토그래퍼
• (니즈) 사진 촬영 재능 판매
• (역할) 멋진 사진으로 호스트들의 예약률 높이는 역할

4. 경험 제공자
• (니즈) 자신의 재능 판매
• (역할) 다양한 프로그램 제공

5. 여행객
• (니즈) 이국에서의 일상적 경험
• (역할) 숙박, 경험 상품 구매

1. 호스트

호스트의 니즈는 본인이 소유하고 있는 여분의 공간을 임대하여 돈을 벌고자 하는 것이다. 이들의 플랫폼 내에서의 역할은 여행객들에게 공간을 제공해 지역의 특색을 느낄 수 있게 하거

나, 여행객 개개인의 니즈에 맞는 색다른 공간을 제공하는 것이다. 호스트들은 자신의 공간과 편의 시설을 플랫폼에 소개하고, 가격을 제시하며, 자신이 얼마나 신뢰도 있는 사람인지를 드러낸다. 여행객은 이런 정보를 기반으로 호스트의 공간을 선택하게 된다.

2. 호텔

호텔의 니즈는 에어비앤비에서 룸을 판매하는 것이다. 주로 호텔 체인이나 부티크 호텔들이 이에 해당한다. 에어비앤비 외에도 호텔 가격 비교 플랫폼들도 있지만, 에어비앤비에 룸을 판매하여 공실을 최소화하고자 하는 것이 이들의 니즈이다. 에어비앤비 플랫폼에서 이들의 역할은 개인 집보다는 호텔 시스템이 익숙한, 하지만 특색 있는 호텔을 선호하는 여행객들을 수용하는 것이다.

3. 포토그래퍼

포토그래퍼의 니즈는 사진 촬영 재능을 판매하고 싶다는 것이다. 주로 프리랜서 사진작가들이 이에 해당한다. 이들의 역할은 숙소를 고품질로 찍어 상품을 돋보일 수 있게 해주어 호스트의 예약률을 높이는 것이다.

4. 경험 제공자

경험 제공자의 니즈는 자신의 취미나 재능을 판매하는 것이다. 이들의 역할은 체험 프로그램을 기획하여 이를 상품으로 만드는 것이다. 쿠킹, 푸드 투어, 스쿠버다이빙, 트래킹, 요트 관람 등 무수히 많은 프로그램들이 경험 상품이 될 수 있다.

5. 여행객

여행객의 니즈는 이국에서의 일상적 경험을 하고자 하는 것이다. 여행객들은 단순히 여행지에서 숙박을 원하는 것이 아니라 최대한 여행지의 문화를 느껴보고 경험해 보기를 원한다. 이들의 역할은 에어비앤비 플랫폼에서 숙박 상품이나 경험 상품을 구매하는 소비자이다.

에어비앤비는 호스트로부터 3%, 여행객으로부터 14%의 수수료를 받는다. 에어비앤비는 호스트들에게 최소한의 수수료를 받아 그들의 이익을 최대한 챙겨줌으로써 더 다양한 사람들이 호스트로 참여하여 에어비앤비가 만들어 놓은 공유 숙박 네트워크에 참여하도록 유도하고 있다. 또한 호스트들의 초기 비용 부담을 고려해 에어비앤비는 포토그래퍼 비용을 호스트의 수익에서 조금씩 나눠서 가져간다. 수수료 비율과 포토그래퍼 비용 지불 방식 등에서 에어비앤비가 플랫폼을 만들기 위해 이해 관계자들과의 원원 관계에 신경을 쓰고 그들의 니즈를 고려했는지를 알 수 있다. 또한 이들 비즈니스의 핵심이 다양한 숙박 상품, 경험 상품이라는 것을 스스로 잘 이해하고, 호스트 친화적인 수수료 비율을 책정했다는 것을 알 수 있다.

♦ 자발적인 참여를 시스템으로 만들다

일반 호텔의 업의 특성은 인적 서비스, 계절성, 이벤트, 시설의 노후화이다. 이 특성을 잘 관리해야 호텔업을 유지할 수 있다. 반면 에어비앤비의 업의 특성은 호스트 확보와 관리, 다양한 여행 테마의 꾸준한 확보, 안전과 신뢰를 쌓는 것이다. 어떻게 보면 업의 특성은 극복해야 되는 요소들이다. 이를 위한 방법 중 하나가 에어비앤비의 낮은 호스트 수수료이다. 하지만 이것이 다가 아니다. 에어비앤비는 플랫폼 내에서 자발적으로 업의 특성을 극복하고 오히려 풍성해질 수 있는 시스템을 만들었다.

에어비앤비에는 호스트의 자발적인 참여 시스템을 지원하는 5가지 프로그램이 있다. 5가지 프로그램을 통해 호스트들은 스스로 더 나은 호스트가 될 수 있도록 지원받고 동기 부여를 받는다. 에어비앤비는 호스트들을 관리만 하는 것이 아니라 스스로 더 나은 호스트가 되기 위해 노력할 수 있도록 슈퍼호스트 제도를 두고 있고, 새로운 호스트를 확보하고 육성을 돕는 슈퍼호스트 앰버서더 제도도 운영하고 있다. 에어비앤비 플랫폼 내에서 호스트들이 자신의 역량을 발휘할 수 있도록 커뮤니티 리더, 자문 위원, 서포터 등 다양한 활동을 할 수 있다. 에어비앤비의 코디네이팅 역량은 니즈가 충족될 수 있도록 이해관계자(Stakeholder)들을 연결해주는 것뿐만 아니라, 호스트들 스스로가 서비스의 품질을 올릴 수 있는 자발적 참여 시스템을 만들어낸 것에 있다고 하겠다. 또한 역할을 아이콘으로 시각화하고, 명시적인 설명으로 존재감을 만들어 주고 있다. 〈표2〉에서 에어비앤비가 운영하는 다양한 제도들을 표현하는 뱃지들을 볼 수 있다. 그럼 좀 더 상세하게 이 5가지 프로그램을 소개해보도록 하겠다.

1. 먼저 **슈퍼호스트 제도**는, 호스트의 모든 역할을 탁월하게 수행하면 '슈퍼호스트'라는 타이틀을 얻을 수 있다. 호스트의 프로필 사진 아래에 뱃지(Badge)가 달리게 되어 누구나 쉽게 식별할 수 있다. 슈퍼호스트는 호스트가 갖춰야 할 모범을 보여주는 사람으로 1년에 4번 실적을 확인하여 계속 슈퍼호스트를 유지할 수 있는지를 평가받는다. 이 제도를 통해 호스트들을 슈퍼호스트가 되기 위해 노력하도록 만들고, 또 기존 슈퍼호스트들은 타이틀을 유지하기 위해 노력하게 된다.

2. 두 번째는 **슈퍼호스트 앰버서더**(Superhost Ambassador) 제

도이다. 슈퍼호스트 앰버서더는 슈퍼호스트 중에 선발되는데, 이들은 새로운 호스트와 경험을 공유하고 호스트가 될 수 있도록 돕는 역할을 한다. 에어비앤비는 슈퍼호스트 앰버서더가 새로운 호스트를 데려오면 보상을 해주고, 새로운 호스트가 성공할 수 있는 데 필요한 정보를 앰버서더에게 제공해 준다. 앰버서더 프로그램이 있어 처음으로 호스트를 시작하는 사람들은 숙박 목록을 설정하는 과정을 안내받고, 청소 및 올바른 사진 촬영과 같은 세세한 조언을 제공받으며, 많은 호스팅 경험을 통해 쌓은 노하우를 공유받아 좀 더 수월하게 에어비앤비 비즈니스를 시작할 수 있게 된다. 에어비앤비의 새로운 호스트 유입에 있어 앰버서더는 매우 중요한 역할을 담당한다. 역할이 중요한 만큼 이들은 에어비앤비의 기준에 따라 돈으로 보상을 받는다. 또한 에어비앤비는 3개월마다 앰버서더 기준을 충족하는지 확인하며 이들을 관리한다.

3. 세 번째는 **커뮤니티 리더** 제도이다. 커뮤니티 리더는 지역 호스트들과 소통하며 조언과 지원을 제공하는 역할을 한다. 커뮤니티 리더는 자발적인 지원으로 선발된다. 선발되기 위해서는 지원서를 제출해야 된다. 이렇게 선정된 커뮤니티 리더는 다른 글로벌 리더들과 교류할 수 있

는 기회를 얻고, 일반 호스트보다 먼저 에어비앤비 소식을 접할 수 있으며, 이들에게는 커뮤니티 관리를 위한 특별교육 자료가 제공된다. 커뮤니티 리더는 페이스북에서 그룹을 만들어 커뮤니티를 운영하게 된다. 페이스북 그룹에서 커뮤니티 리더는 회원들에게 소식을 전달하고, 호스팅 노하우를 나누며, 협업을 장려하는 활동을 한다. 슈퍼호스트와 마찬가지로 커뮤니티 리더도 뱃지를 받는다.

4. 네 번째로는 **호스트 자문 위원회** 제도가 있다. 호스트 자문 위원회는 에어비앤비의 나아갈 방향에 대해 의견을 낼 수 있는 발언권과 의사결정권을 행사한다. 호스트 자문 위원회를 통해 호스트들의 목소리를 대변하여 더 나은 방향으로 플랫폼이 발전할 수 있도록 의견을 낸다. 2023년 기준 23명으로 구성되어 있다.

5. 마지막으로는 **서포터** 제도이다. 서포터는 예상치 못한 위기 상황에서 숙소가 필요한 사람들에게 숙소를 제공하는 역할을 한다. 이재민, 난민, 자연재해를 입어 머물 곳이 필요한 사람, 또는 이들을 돕기 위한 구호 인력이 머물 숙소를 제공하게 된다. 어려움에 처한 상황에서 호스팅 역할을 하거나 정기적인 기부를 하면 서포터가 될 수 있

고, 서포터 뱃지를 받게 된다.

○ 〈표2 에어비앤비가 운영하는 다양한 제도를 표현하는 뱃지들〉

슈퍼호스트	커뮤니티 리더	호스트 자문 위원회	서포터

◆ 모든 정보를 가이드로 만들다

멋진 사진으로도 여행의 욕구를 일으키지만, 여행에 있어서 안전과 안심을 주는 신뢰 또한 그에 못지않게 중요하다. 그래서 전통적인 호텔에 버금가는 신뢰를 확보하는 것이 에어비앤비로서는 중요한 숙제이다. 많은 사람들은 요즘 별점과 리뷰로 구매 판단을 하니, '신뢰'의 판단 기준으로 별점과 리뷰를 떠올릴 것이다. 실제로도 별점과 리뷰는 신뢰를 준다. 하지만 물건을 소개하는 것이 아니라 나와 내 가족이 안전하게 머물고 싶다는 니즈를 에어비앤비는 가볍게 넘기지 않았다. 고객 별점과 더불어 슈퍼호스트 제도라는 에어비앤비 자체 평가 체계를 갖췄다. 여기에 더해 호스트들의 열정과 취향, 진정성 등을 담은 자기 소개 스토리로 여행을 계획하는 사람들에게 깊이 있는 신뢰를 주고 있다.

다음 표3의 예시는 베트남의 오토바이와 길거리 음식 경험을 소개하는 호스트와 미국의 작은 오두막 집 경험을 소개하는 호스트들이 직접 적은 글이다. 베트남의 길거리 음식을 안내하는 호스트의 자기 소개 글을 보면 자신 또한 여행을 좋아하는 사람으로 여행 안내를 통해 자신이 얼마나 보람을 느끼고 베트남 음식에 대한 자부심이 있는지 알 수 있다. 미국 오두막집 호스트의 소개 글을 보면 얼마나 단란한 가족이 사는 집이고, 가축들, 자연과 더불어 평화로운 삶을 살아가는지를 알 수 있다. 그리고 마치 나도 머무는 동안 이 가족과 같은 평화로움을 경험할 수 있을 것 같다는 상상을 하게 된다. 소개 글만 읽고도 여행을 계획하는 사람들은 이들 호스트의 집에 머물며 경험 상품을 체험해 봐도 되겠다는 생각이 들 것이다.

○ 〈표3 에어비앤비 호스트들의 자기 소개 예시〉

ㅁ 베트남의 오토바이로 길거리 음식 경험을 안내하는 호스트의 자기 소개 사례	ㅁ 미국 벌링톤(Burlington)의 아늑한 작은 오두막집 호스트의 자기 소개 사례
저는 Phước입니다. 젊은 낙관적인 여행자(학생 때부터 20개국을 여행), 유튜브 브이로거(Vlogger)이자 (구독자 7,000명) 베트남 길거리 음식의 열렬한 팬입니다. 저 자신도 다른 나라를 여행할 때 음식 여행을 정말 좋아해서 대학교 3학년 때부터 운영하고 있습니다. 제 음식 시식 경험이 최고라고 말할 수는 없지만 에어비앤비가 검증한 최고의 경험을 저렴한 가격에 체험하실 수 있습니다. 저에게 여행은 삶입니다. 돈은 다시 벌 수 있지만, 시간은 돌려 받을 수 없습니다. 제 프로필을 읽어 주셔서 감사합니다. 항상 하루를 최대한 즐기시기 바랍니다. 특별한 요청이 있으시면 메시지를 남겨주세요. 저는 언제든지 당신을 위해 여기 있습니다.	저희는 어린 꼬마 3명, 늙은 개 2마리, 닭 10마리와 함께 버몬트의 그린 마운틴에 살고 있습니다. 저희는 근처 수영장에서 놀고, 산에서 하이킹하고, 스키를 타고, 달리고, 자전거를 타고, 독서하는 것을 좋아합니다. 저희 가족도 여행을 좋아해 가능한 한 여행을 많이 다니려고 하고 있습니다. 머무시는 동안 저희 아이들, 닭, 염소가 오가는 모습을 보실 수 있습니다. 저희는 당신이 머무는 기간 동안 원하시면 직접 방문하여 여행 추천이나 제안을 해드립니다. 그러나 저희는 당신이 평화롭고 조용하게 즐기기를 바라기 때문에 당신이 연락하지 않는 한 당신의 사생활을 당신에게 맡길 것입니다. 문의가 필요하면 저희에게 알려주시면 기꺼이 도와드리겠습니다!

이렇듯 어떨 때는 정량적인 숫자보다 진솔한 스토리가 고객들에게 신뢰를 줄 수 있다.

그런데 에어비앤비는 어떻게 호스트들이 자신을 적극적으로 알리는 정성스러운 글을 올리게끔 하는 것일까? 멋진 사진과 스토리를 호스트들이 올릴 수 있는 이유는 플랫폼이 가지고 있는 자발적인 참여 시스템 외에 에어비앤비의 꼼꼼한 호스트 가이드가 있기 때문이다. 호스트들에게 가이드를 주지 않았다면 플랫폼의 품질과 일관성을 유지하기 힘들었을 것이다.

에어비앤비는 호스트에게 필요한 모든 정보를 〈자료 센터〉라는 명칭으로 홈페이지에 제공하고 있다. 초보자의 입문 가이드에서부터 청결하게 청소하는 팁, 멋지게 사진을 찍어서 집을 소개하는 팁, 게스트 만족도를 올릴 수 있는 다양한 방법, 요금 책정 방법 등 호스트들이 궁금해할 수 있는 모든 정보가 있다. 우리에게 보여지는 것은 잘 만들어진 호스트들의 집 설명, 사진, 소개글이지만 플랫폼의 품질을 일관되게 유지할 수 있는 비밀은 호스트들을 위한 세밀한 가이드에 있다.

Key Takeaway

에어비앤비는 비즈니스 리프레임을 통해 업의 개념을 '이국에서의 일상적 경험'으로 새로이 만들었다. 그리고 여기에 업의 본질인 코디네이팅 역량을 갖추었다. 또한 이 코디네이팅 역량은 아무도 따라할 수 없는 차별점이 되었다. 이를 가능하게 한 핵심은 플랫폼의 모든 이해관계자들이 지닌 니즈를 파악하고, 플랫폼 운영에 필요한 모든 정보를 매뉴얼화, 시스템화해서 가능했다.

스타벅스, 일치성으로
업의 본질을 견고화하다

◆ 고객이 편하게 느끼는 제3의 공간을 창조하다

스타벅스가 생각하는 커피 문화는 집과 오피스가 아닌, 고객이 편하게 느끼는 제3의 공간이 되어 그곳에서 편하게 커피를 마시면서 사람들과 대화하며 영감을 받을 수 있는 곳이다. 스타벅스가 없을 때의 카페를 떠올려보면, 카페에서 눈치 안 보고 노트북을 꺼내 일을 하고, 책을 읽거나, 공부를 하는 모습을 찾아볼 수 없었다. 물론 정말 눈치를 보지 않는 일부 사람들이 있을 수 있지만, 대개 카페는 만나서 커피를 마시며 대화하는 장소였다. 그러나 스타벅스가 커피 문화 자체를 바꾸어 놓았다.

스타벅스는 다른 어느 커피 매장보다 머물기 편안하고 안락하며 노트북을 펼쳐 놓고 일해도 전혀 눈치 보이지 않는다. 혼자

와서 일하기에도, 친구나 직장 동료와 같이 와서 대화를 나누기에도 모두 만족스러운 공간이다. 바쁜 출근길 테이크아웃 매장으로 이용하거나 직장인의 짧은 점심시간을 이용해 빠르게 커피를 마시고 나가는 등, 지역과 상황에 따라 이 공간의 목적은 조금씩 다를 수 있지만, 어느 목적이든 스타벅스가 제공하는 이 공간에 머물며 나를 위한 시간을 보내기에는 충분하다.

스타벅스가 커피 문화를 새롭게 만들 수 있었던 것은 물론 제3의 공간이 필요하다는 고객의 잠재된 니즈를 파악했다는 점도 있지만, 제3의 공간을 구현하기 위해 사람이 느끼는 모든 감각을 콘셉트와 일치시킨 점도 한몫했다. 커피의 맛, 향은 물론이고 인테리어, 음악까지도 철저하게 비즈니스 콘셉트와 일치시킨 것이다.

♦ 대중에 맞춰진 일정한 커피 맛

커피의 5가지의 맛(단맛, 신맛, 짠맛, 쓴맛, 감칠맛) 중 스타벅스는 사람이 가장 느끼기 쉬운 쓴맛을 강조한다. 스타벅스 커피가 쓴맛이 강한 것은 강배전(Dark Roast: 다크 로스트) 원두를 사용하기 때문이다. 쓴맛을 강조하므로 커피 마니아층 중에는 스타벅스 커피를 부정적으로 평가하는 사람도 많다. 하지만 스타벅스는 철저하게 대중을 타깃으로 만들어졌고, 대중에게 브랜드를 각인시키기 유리한 쓴맛의 커피를 선택했다.

강한 로스팅으로 만들어진 쓴맛과 단맛이 합쳐지면 고소한 느낌이 나고, 바리스타 간 편차를 줄여줘 일정한 맛을 내는 데 매우 유리하다. 최고의 커피 맛은 아니지만, 어느 매장이든 불호가 적은 품질을 유지할 수 있게 된 것이다. 이와 같은 표준화를 위해, 스타벅스는 전 매장을 직영으로 운영한다. 내부 인력도 단기 고용이 아니라 전원 정규직으로 채용한다. 고객 입장에서는 어느 지역의 스타벅스 카페를 가더라도 기대한 커피 맛을 맛볼 수 있고, 교육으로 숙련된 직원 서비스를 받을 수 있다. 동일한 커피의 맛과 서비스 품질 유지는 비즈니스의 매우 큰 장점이다. 모르는 지역에 가거나 여행 중에 커피를 마시려고 할 때, 모험을 하기 싫다면 최선의 선택은 바로 스타벅스가 될 수 있기 때문이다.

♦ 향기를 기억시키다

스타벅스에 들어서면 스타벅스만의 커피 향이 스타벅스임을 느끼게 해준다. 그만큼 후각은 우리의 기억에 크게 작용한다. 후각은 어떤 향기를 맡았을 때 그에 동반하는 기억과 감정까지 같이 불러올 수 있는 유일한 감각기관으로, 오감 가운데 기억에 가장 큰 영향을 미친다고 한다. 다른 감각들은 모두 시상이라는 중간 과정을 거쳐 대뇌의 전문 영역으로 전달되어 인지되는 반면, 후각은 다른 감각과 달리 뇌의 기억과 감정을 주관하는 대뇌변

연계와 직접 연결돼 있다. 그래서 냄새는 감정과 기억에 직접 영향을 미치고 무의식적으로 작용한다. 사람은 보는 것보다 냄새를 맡은 것을 기억할 가능성이 100배 더 높으며, 일상적인 감정의 75%는 냄새의 영향을 받는다고 한다.

우리가 스타벅스의 매장에서 일반 카페와 다른 향을 느낄 수 있는 것은 스타벅스가 의도적으로 향을 차별화하기 때문이다. 일찌감치 스타벅스는 제3의 공간에 있어서 향의 중요성을 알았고 커피 향기까지도 고객의 기억 속에 남기도록 노력하고 있다. 신선한 커피를 사용하는 것은 물론이고, 매일매일 점포에 고유한 향기 블렌드를 공급하며, 커피향이 매장 내에 잘 퍼지도록 공조 시스템에 신경 쓴다. 향을 나게 하는 것만이 아니라 향을 방해하는 요소를 최소화하는 노력을 같이하고 있다. 직원들의 향이 진한 화장을 지양하고, 향수는 물론 향기 나는 핸드 로션 등을 사용할 수 없도록 제한하고 있다. 베이커리 메뉴 역시 커피향을 방해하지 않도록 냄새가 강하지 않은 베이글과 머핀, 스콘 등으로 구성하고 있다. 스타벅스는 한때 계란과 치즈 샌드위치를 아침 메뉴로 판매하였지만, 신선한 커피의 향에 영향을 줄 수 있다는 판단 하에 판매를 중단했다.

스타벅스 특유의 커피 향은 스타벅스 공간이 기분 좋은 기억으로 우리 뇌에 저장되고, 다시 방문하고 싶은 곳으로 만들어주는 주요 요소로 작용하고 있다. 매력적인 분위기를 조성하는 동시에 스타벅스가 고품질 커피 음료의 대명사라는 메시지를 우리의 뇌에 전달한다. 이를 통해 스타벅스는 경쟁 커피숍과 차별화되고 고객은 계속해서 다시 방문하게 된다.

♦ 뮤직으로 어디서나 스타벅스 공간이 되다

소리는 사람들의 기분, 분위기, 행동 등과 밀접하게 연관되어 있다. 소리에 따라 기분이 좋아지기도 하고 편안함을 느끼기도 하며, 반대로 불편함을 느끼기도 한다. 음악도 우리의 기억력에 많은 영향을 준다. 오랜만에 옛날에 들었던 음악을 들으면 그때의 감정과 기억이 생각난다.

스타벅스는 오랫동안 스타벅스만의 분위기를 만들기 위해 음악에 심혈을 기울였다. 매장 음악의 중요성을 알고 있었던 스타벅스는 1999년 캘리포니아의 음반매장 '히어 뮤직(Hear Music)'을 인수하고 레코드 레이블을 설립했다. 매장에서 나오는 음악을 CD로 제작하여 판매하기도 했다. 지금은 스포티파이(Spotify)와 제휴를 맺고 음악을 스트리밍하고 있다. 이렇듯 스타벅스는 음악을 통해 브랜드 이미지를 만들고, 스타벅스가 원하는 매장 분위기를 만드는 데 적극적으로 활용하고 있다. 회사내에 뮤직 전문가를 두고 있을 정도이다.

스타벅스에서 나오는 음악의 분위기도 매장 인테리어와 마찬가지로 차분하고 부드럽다. 스타벅스가 이렇게 매장 음악에도 심혈을 기울이는 이유는 무엇일까? 차분하고 부드러운 음악을 선정하는 이유는 스타벅스의 비즈니스 콘셉트인 '사람들과 대화하며 영감을 받을 수 있는 곳'을 고객에게 선사하기 위함이다. 유튜브에서 검색을 하다 보면 휴식, 작업, 공부를 위한 음악으로 스타벅스 음악을 쉽게 찾아볼 수 있다. 그들의 비즈니스 콘셉트와 음악이 얼마나 일치되고 있는지를 대변한다.

스타벅스 뮤직은 매장에서뿐만 아니라 유튜브나 스포티파이 뮤직 서비스를 이용해 언제든 들을 수 있다. 이제는 내가 스타벅스 뮤직을 듣는 곳 어디든 스타벅스 공간이 되는 것이다. 스타벅스 뮤직 플레이 리스트를 들으며, 이동 중이나 집에서도 스타벅스 문화를 느낄 수 있다. 스타벅스는 매장이라는 물리적인 제약을 넘어 언제나 스타벅스의 감성을 접할 수 있게 하고 있는 것이다. 대부분의 브랜드들은 광고에 독특하고 기억에 남는 가사나 멜로디를 통해 브랜드를 각인시키려고 노력한다. 그러나 스타벅스는 알리는 것을 넘어 고객의 일상에 스며들어 언제 어디서나 스타벅스를 느낄 수 있게 하고 있다. 이제 스마트폰으로 한번 클릭만 하면 스타벅스의 제3의 공간을 만들 수 있게 된 것이다.

◆ 스타벅스는 제3의 공간을 팔지 않는다

스타벅스의 '공간을 파는 곳'이라는 비즈니스 콘셉트를 체감할 수 있는 요소는 그들의 인테리어에서도 발견된다. 스타벅스는 집이나 학교보다 더 자유롭고 행복하게 사람들과 만나 이야기할 수 있는 곳, 혼자서도 편안히 휴식을 취할 수 있는 곳, 딱딱한 업무 공간에서 벗어나 캐주얼하게 대화를 나눌 수 있는 곳 등 다양한 방식으로 사람들과 시간을 보낼 수 있는 공간을 목표로 한다. 이처럼 다양한 목적으로 고객을 머물게 하기 위해 스타벅스는 다른 커피 브랜드 매장보다 여러 유형의 가구를 배치하고 있다.

예컨대, 큰 원목 테이블, 작은 라운드테이블, 사각 테이블과 함께 다양한 의자가 배치된 스타벅스의 매장을 흔하게 떠올려 볼 수 있다. 간혹 매장에 사람이 많아 나의 목적에 맞는 테이블과 의자를 선택할 수 없을 때가 많지만, 운 좋게 한가한 시간대에 방문하면 이런 인테리어 덕분에 내가 원하는 목적에 맞는 테이블과 의자를 선택할 수 있다.

그런데 이처럼 다양한 가구를 비치한 제3의 공간이라는 콘셉트는 다른 경쟁사도 쉽게 따라 할 수 있다. 스타벅스가 어느 커피숍과 다른 점은, 스타벅스의 비전이 단순히 고객을 머물게 하는 것이 아니기 때문이다. 앞에서 스타벅스의 비전은 제3의 공간만을 제공하는 것이 아니라 제3의 공간에서 사람들과 대화하며 '영감을 받을 수 있는 곳이 되는 것'이라 하였다. 이 비전에서 따라하기 힘든 스타벅스만의 차별점은 제3의 공간보다 '사람들과 대화하며 영감을 받는 곳'에 있다, 좀 더 해석하면 '사람과 사람, 사람과 지역 커뮤니티를 연결해주고 새로운 영감을 받을 수 있는 곳'에 있다고 하겠다. 앞서 설명한 맛과 향, 그리고 음악과 인테리어가 결합되어 편안함으로 응집된 콘셉트가 완성되어 사람들이 가고 싶은 곳이 된다. 여기에 더해 스타벅스는 '영감'을 받을 수 있는 공간을 제공하기 위해 '창의성'을 주기 위한 인테리어를 지향한다. 편안함을 주기 위해 그들의 브랜드 컬러이기도 한 다양한 그린 컬러와 함께 우드와 블랙, 그레이, 화이트와 같은 내추럴 컬러를 사용한다. 반면 창의성을 주기 위해 스타벅스는 매장마다 아트월을 두고 있다. 또한 높은 천장과 펜던트 조명이나 샹들리에를 매장마다 설치한다고 한다.

모든 스타벅스 매장의 인테리어가 지역 특색을 반영하여 다르지만 '편안함'과 '창의성'이라는 공간 콘셉트를 유지할 수 있는 비결은 공통된 요소를 통일되게 적용하기 때문이다. 예컨대, 폐극장이었던 경동극장을 리모델링한 스타벅스 '경동1960' 지점처럼, 지역의 특색이 반영된 창의적 인테리어로 확연히 차별점이 드러나지만 스타벅스의 공통된 감성을 느낄 수 있다.

Key Takeaway

스타벅스는 비즈니스 리프레임을 통해 커피를 파는 것이 아니라 '제3의 공간에서 사람들과 대화하며 영감을 받을 수 있는 곳'을 팔고 있다. 스타벅스가 카피하기 힘든 브랜드가 될 수 있었던 것은 모든 상품, 뮤직, 향, 가구, 인테리어가 그들의 비즈니스 콘셉트와 일치하기 때문이다.

홉스킵드라이브,
고객 경험 여정을 리프레임하다

♦ 열쇠는 고객 여정에 있다

홉스킵드라이브(HopSkipDrive)는 미국에서 운행되고 있는 '어린이 전용 픽업(pickup) 서비스'이다. 6세에서 17세 고객 대상으로 특화된 차량 공유 서비스를 제공한다. 1장에서 설명한 바와 같이 이들은 상품을 파는 것이 아니라 고객이 필요한 '안심'을 제공한다. 홉스킵드라이브가 '안심'이라는 보이지 않는 가치를 제공하여 그들만의 프레임으로 성공적인 비즈니스를 할 수 있는 것은 접근 방식이 다르기 때문이다. '어떤 것을 팔아야 돈이 되지?'라는 질문에서 시작하는 판매자의 프레임이 아니라, '일하는 부모가 또는 바빠서 아이 픽업이 어려운 부모를 만족시키려면 어떤 가치를 제공해야 되지?'에서 비즈니스 프레임을 설계했다.

이들이 이처럼 이동 수단이 아니라 '안심'을 중심으로 비즈니스를 기획하고, 다른 기업보다 부가가치가 높은 비즈니스를 만들 수 있었던 열쇠는 고객 여정에 담겨있다. 홉스킵드라이브가 생각하기에, 아이 픽업 서비스의 비즈니스 성패를 좌우하는 핵심은 부모의 불안을 어떻게 해결해 주느냐에 달려있었기 때문이다.

다음에 소개하는 다이어그램은 홉스킵드라이브 타깃 고객인 (아이 픽업이 필요한) 부모의 불안한 심정을 단계별로 보여주는 고객 경험 여정이다. 부모의 우려는 차량을 이용하기 전인 '라이드 전(Before Ride)'부터 시작해서 아이가 차량으로 이동하는 '라이드(During Ride)' 단계, 도착해서 내리는 시점인 '라이드 후(After Ride)'까지 끊이지 않는다. 각 단계에서 나타나는 부모의 우려 사항을 하나하나 들여다보면서 홉스킵드라이브가 이를 어떻게 해결해 주고 있는지를 설명해보도록 하겠다.

○ [고객 경험 여정]

부모가 아이 픽업을 위해 차량 공유 서비스를 이용 시 갖게 되는 '불안' 요소 중심의 경험 여정		
Before Ride : 라이드 전	During Ride : 라이드	After Ride : 라이드 후
• 운전자를 믿고 아이를 맡길 수 있을까? • 차량은 안전한가?	• 운전자가 정확한 픽업 위치를 찾을 수 있을까? • 아이가 차량을 잘 찾을 수 있을까? 운전자는 아이를 잘 찾을 수 있을까? • 어른이 없는 상황에서 운전자가 안전하게 운전을 할까? • 위험 운전이나 사고 등 이동 중 별일은 없을까?	• 운전자가 도착지를 잘 찾을 수 있을까? • 아이가 놓고 내리는 물건 없이 잘 내려서 도착지까지 갈 수 있을까?

♦ 경험이 시작되기 전부터 경험은 시작된다

아이의 픽업을 맡기려는 부모의 니즈는 라이드를 이용하는 단계 이전인 서비스를 이용할지 말지를 고려하는 시점부터 시작된다. 부모의 첫 번째 불안은 드라이버에 대한 신뢰이다. 부모가 느끼는 가장 큰 불안감 중 하나는 낯선 운전자가 모는 차량에 아이가 탑승해야 한다는 것이다. "어떤 사람인 줄 알고 내 아이를 맡기지?"라는 걱정이 들 것이다. 홉스킵드라이브는 이 첫 번째 불안을 철저한 운전자 고용 절차로 풀었다.

홉스킵드라이브의 운전자는 케어드라이버(CareDriver)라고 부른다. 케어드라이버로 일하려면 총 15가지의 기준을 모두 통과해야 한다. 다음의 〈표4 케어드라이버를 선정하는 15가지 인증 프로세스〉 목록이 이 회사가 운전자를 뽑는 15가지 기준이다. 내용을 보면 5년 이상의 아이를 돌본 경험, 범죄 기록 확인, 지문 조회부터 운전 경력과 차량 검사까지 매우 까다롭다. 이와 같은 까다로운 조건을 고객이 볼 수 있도록 웹사이트에 기재해두고 있다. 이렇게 까다로운 조건임에도 홉스킵드라이브의 운전자로 일하려고 하는 것은 다른 차량 공유 플랫폼에서보다 일과 삶의 균형이 가능하고 높은 보수가 따르기 때문이다. 홉스킵드라이브 측면에서는 높은 보수를 줘야 하지만 원하는 좋은 운전자를 확보할 수 있다.

홈페이지에 선정 기준을 보여주는 것뿐만 아니라, 홉스킵드라이브 서비스 이용 시 배정된 운전자의 상세한 정보를 앱과 인터넷을 통해 부모가 볼 수 있다. 부모가 볼 수 있는 정보는 기본적인 운전자 사진과 이름, 차량 정보만이 아니라, 아이들을 돌본 경험, 과거와 현재의 직장 경험 등의 상세한 정보를 포함한다. 케어드라이버의 정보를 확인한 후, 고객이 차량을 요청하고 나면, 케어드라이버가 요청한 서비스를 확정하게 되고, 고객은 문자 알림과 이메일을 받게 된다.

○ 〈표4 케어드라이버를 선정하는 15가지 인증 프로세스〉

1. 돌봄 경험
   – 최소 5년 이상의 돌봄 경험
2. 범죄 기록 확인
   – 글로벌 감시 목록 및 성범죄자 등록을 포함하여 주 및 국가 기록에 대한 포괄적인 검색
3. 지문 조회
   – 지문 기반 신원 조회
4. 아동 학대 및 방치 검사*
   – 복지부 데이터베이스에서 주 차원의 허가
5. 유효한 운전면허증
   – 유효한 운전 면허증을 제출
6. 운전 경험
   – 최소 3년의 운전 경력
7. 좋은 운전 기록
   – 새로운 운전 위반에 대한 지속적인 모니터링
8. 23세 이상의 나이
9. 10년 이하의 4~7인승 차량 보유 및 임대
10. 등록 증명서 제출
11. 주법에 따른 보험 증명서 제출
12. 공인 정비사의 연간 차량 검사 통과
13. 홉스킵드라이브 팀원과 오리엔테이션 완료
14. 홉스킵드라이브 커뮤니티 지침 채택
    – 총 3개 카테고리(안전, 스마트, 존중)로 구성된 가이드라인
15. 운전 중 약물 또는 알코올 사용, 무차별, 접촉 금지, 휴대전화 사용 금지에 대한 무관용 정책을 채택

*출처 : 홉스킵드라이브 홈페이지. https://www.hopskipdrive.com/safety

♦ 서비스 이용을 방해하는 모든 모먼트를 찾아서 해결하다

서비스 이용을 확정했다고 부모의 불안이 끝나는 것은 아니다. 부모의 입장에서 믿을 만한 운전자를 확인하고 난 다음에 드는 불안은 '차량이 제시간에 도착할 수 있을까?', '차량 도착이 늦어져 아이 혼자 오래 기다려야 하는 건 아닐까?', '운전자가 픽업 장소를 잘 찾을 수 있을까?', '아이가 차량을 잘 찾을 수 있을까?', '운전자는 아이를 잘 찾을 수 있을까? 다른 아이를 착각해서 태우고 가면 어떡하지?'이다.

홉스킵드라이브는 다른 차량 이동 서비스보다 더욱 약속된 시간에 도착하는 것이 중요하다. 이를 위해 홉스킵드라이브는 운전자가 픽업 장소에 제시간에 도착하기 위해서 '출발해야 되는 시간(Suggested Leave Time)'을 운전자 앱에서 알려준다. 픽업 장소에 관한 불안감 해결을 위해 홉스킵드라이브는 부모가 상세한 '픽업 장소 설명'을 작성할 수 있도록 했다.

가령 한 부모가 '학교 후문 트랙/축구장 주차장에서 픽업'하라는 메모를 작성해 놓았다고 가정해 보자. 일반적인 차량 공유 서비스에서는 위치를 못 찾으면 운전자가 서비스 신청자에게 전화를 걸어 위치를 확인하지만, 아이를 픽업하는 상황은 대부분 부모가 다른 일로 바쁜 경우이다. 이 점까지 섬세하게 고려한 홉스킵드라이브는 미리 부모가 상세 위치를 설명할 수 있도록 대비해 놓았다.

한편 픽업 위치를 정확히 하고 난 후에도 부모가 안심할 수 있는 것은 아니다. 아이와 운전자가 만나서 차를 타는 단계가 남았기 때문이다. 홉스킵드라이브의 대표 색상은 선명한 오렌지색이다. 케어드라이버의 유니폼이 대표 색상인 오렌지 색상으로 제작되어 멀리서도 쉽게 알아볼 수 있다. 같은 색상을 차량 스티커에도 적용하였다.

물론 색상으로만 케어드라이버를 알아보고 아이가 차에 탑승하는 것은 아니다. 먼저 눈으로 확인하고 다음은 철저한 다단계 인증 프로세스를 통해 케어드라이버는 픽업할 아이를 확인한다. 부모는 앱을 통해 가족의 '비밀 코드'를 생성할 수 있다. 이 비밀 코드를 설정하면 케어드라이버가 아이를 식별할 때 사용하게 된다. 가령, 내 아이의 비밀 코드를 애니메이션 영화 〈겨울 왕국〉의 귀여운 눈사람 캐릭터인 '올라프(Olaf)'로 설정해 놓을 수도 있다. 비밀 코드는 탑승자 확인을 하는 중요한 역할을 하면서 동시에 아이들에게 작은 즐거움을 주기도 한다.

케어드라이버가 픽업 장소에 도착하면 운전자 앱에 설정된 비밀 코드를 아이에게 말해주고 아이는 케어드라이버에게 자신의 생일을 말해주는 것을 통해 이중 삼중의 확인 단계를 거친다. 이 정도로 치밀한 서비스 설계로 홉스킵드라이브는 부모의 걱정인 실수로 다른 아이를 픽업하는 사고에 대한 안심을 주고 있다.

운행이 시작되고 나면 홉스킵드라이브는 운전자가 아이를 데

리러 가기 위해 출발한 시점, 아이가 차에 탑승한 시점, 목적지에 도착한 시점 등 주요 시점에 부모에게 메시지를 보내준다. 이 문자는 부모만 받을 수 있는 것이 아니라 수신인을 추가로 설정할 수도 있다. 부모는 스마트폰으로 차량의 진행 상황, 경로 및 속도를 모니터링할 수도 있다.

주요 시점에 문자를 보내주는 것 외에도 홉스킵드라이브는 운전자가 안전 운전을 하는지 파악하기 위해 '운전 습관'을 모니터링하고 있다. 세부적으로 홉스킵드라이브가 관리하는 항목은 6가지 운전 습관 데이터이다. 여기에는 운전 중 폰 사용, 급제동, 급가속, 급회전 등이 포함되어 있어 운전자가 안전운전을 하는지를 판단할 수 있고, 축적된 데이터를 기반으로 운전 습관 개선 포인트를 운전자에게 제시해줄 수 있다. 중요한 것은, 운전 습관 기록은 운전자를 질책하는 용도가 아닌, 운전 습관을 개선할 수 있는 정보로 쓰여 결과적으로 더 나은 서비스로 이어지게 한다는 점이다.

아무리 안전 운전을 하더라도 이동 중에는 항상 예상치 못한 상황이 발생할 수 있다. 홉스킵드라이브는 이와 같이 예상치 못한 상황까지 고려한 대책을 마련해 놓고 있다. 돌발 상황에 대한 대책을 마련해 운전자에게만 책임을 지우는 것이 아니라 '안전 운행 지원팀(Safe Ride Support Team)'이 모든 운행을 트래킹하여 케어드라이버를 지원하고 있다. 이와 같은 백업 팀이 있음으로 해서 부모는 물론이고 운전자에게도 안심을 주고 있다.

♦ 경험의 마무리에서도 한 번 더 고객을 생각한 디테일

운행을 마치고 나서도 부모의 걱정은 끊이지 않는다. 도착지를 제대로 잘 찾았는지, 내려서 목적지까지 잘 갔는지, 물건을 잘 챙겨서 내렸는지 등 마지막 순간까지도 부모는 안심할 수가 없다. 운행 후 마무리 단계도 홉스킵드라이브는 놓치지 않고 부모에게 안심을 주는 경험을 제공해 주고 있다.

아이를 인수 인계할 보호자가 있을 시 부모가 '하차 시 마중(Must be met at drop-off)'이라는 기능을 설정할 수 있게 하였다. 또한 부모는 아이가 내릴 때 가방을 놓고 내리지 말라는 등과 같은 당부 메시지를 '도착지 상세 메모'로 운전자에게 남길 수도 있다. 중요한 점은 이런 메모를 운전자가 보고 모두 이행했을 시 운행을 완료할 수 있게 앱을 설계했다는 것이다. 오른쪽 QR 링크를 통해 홉스킵드라이브 회사가 소개하는 '홉스킵드라이브 앱'에 대한 설명을 영상으로 볼 수 있다.

홉스킵 드라이브 안내 영상

이처럼 홉스킵드라이브는 부모의 모든 불안 요소를 해결해 주고 나서야 서비스를 마무리할 수 있게 경험을 설계하였다. 그럼에도 홉스킵드라이브를 이용하는 부모는 이 회사가 정말 안전한지에 대한 미심쩍음이 있을 수가 있다. 이에 대비해 홉스킵드라이브는 한 점의 불안감도 남기지 않도록 플랫폼에서 모아진 데이터를 기반으로 매년 '안전 리포트'라는 타이틀의 보고서를 만들어 발행하고 있다. 이 리포트를 통해 실제 서비스가 더 좋아지고 있다는 것을 스스로 증명하고 있어 부모와 운전자, 나아가 투자자들에게 더 높은 신뢰를 심어주고 있다. 홉스킵드라이브는 이렇게 섬세하게 고객의 모든 경험 여정에 '안심'을 주고 있기 때문에 지속적으로 투자를 받으며 서비스를 확장해 나가고 있다.

Key Takeaway

리프레임에 중요한 핵심 중 하나는 소비자에게 제품을 '팔면' 안 된다는 것이다. 소비자에게 '팔려' 하지 말고 '도와주는' 기업이 되어야 한다는 것이다. 홉스킵드라이브는 비즈니스 리프레임을 통해 '자녀의 안심 픽업'을 제공한다. 홉스킵드라이브는 솔루션을 고객의 모든 경험 여정을 촘촘히 분석하여 문제를 해결해 주었다. 부모의 안심에 하나라도 거스르는 점이 있으면 이를 찾아 해결해 준 데에 성공의 열쇠가 있다.

이솝, 브랜드 취향을 드러내는 콘텐츠로 승부하다

♦ 브랜드 취향 = 고객 취향

나는 2장 '고객을 친구로 봐라'에서 이솝이 어떻게 자신의 취향을 드러내고 싶은 고객을 사로잡았는지에 대해 설명했었다. 취향을 소비하는 고객은 자신의 취향을 드러낼 수 있는 상품과 경험을 SNS에 올린다. 즉 브랜드의 취향이 곧 나의 취향임을 보여주고자 하는 고객들이다.

> **브랜드 취향 = 고객 취향**
> 취향 소비자들은 브랜드 소비를 통해
> 자신의 취향을 드러내고자 한다.
> 그래서 브랜드의 취향을 어떻게 표현하는지가 중요하다.

한 사람의 취향은 예쁜 인스타그램 사진 몇 장 자체가 아니라 사진 안에 내포된 의미까지 포함한다. 취향의 사전적 정의는 '하고 싶은 마음이 생기는 방향'으로, 내가 물건을 구매한다면 그 물건을 자신이 왜 좋아하는지 뚜렷한 이유가 있어야 내 취향으로 자리 잡을 수 있는 것이다.

톨스토이는 "취향이란 인간 그 자체"라고 했다. 고객을 대변하는, 고객이 이유를 가지고 구매하는 브랜드가 되기 위한 노력이 필요한 이유이다. 매력 있는 사람은 외형적인 매력(첫인상)만이 아니라 알아가면 알아갈수록 깊이(가치관)가 있고 더 알아가고 싶은 사람인 것과 같이, 이솝은 기억에 남는 매력적인 첫인상과 알아가면 알아갈수록 깊이가 느껴지는 브랜드만의 가치관이 있다.

다른 브랜드들도 많지만 이솝이라는 브랜드를 선택해서 소개하고자 하는 이유는 이솝이 광고를 하지 않으면서도 취향 소비자들의 마음을 사로잡았기 때문이다. 일반적으로 많은 광고비를 투자해야 고객을 끌 수 있다고 생각하겠지만, 이솝은 광고를 하지 않고도 취향을 소비하는 사람들로부터 관심을 받고 있다.

이 장에서는 이솝이 어떤 콘텐츠들로 브랜드의 취향을 만들었는지를 살펴보고자 한다.

첫인상 남기기	가치관 전달하기	고객의 삶에 다가가기
시그니처 모멘츠 (Signature Moments)	브랜드 철학	라이프스타일 콘텐츠
• 이솝만의 향기 • 부티크 호텔과 같은 매장 • 적극적인 컨설턴트 • 강렬한 제품 진열 • 커다란 싱크대	• 제품 철학 • 디자인 철학 • 매장 철학	• 제품 소개 • 홈 라이프 • 문화 생활 • 에세이

◆ 오감으로 매료시키는 첫인상

광고를 특별히 하지 않기 때문에 이솝 브랜드에 있어서 첫인 상은 매우 중요하다. 그래서 이솝 매장에 들어서면 고객의 기억 에 남길만한 시그니처 모멘츠(Signature Moments)가 곳곳에 있다.

시그니처 모멘츠(Signature Moments)[*] : 시그니처 모멘츠는 고객에 게 다른 브랜드와 다른 기억에 남는 순간들이다. 확연한 차이점이 있을 수도 있지만, 많은 경우 미세한 차이로 고객들에게 즐거움과 가치를 제공하기도 한다.

이솝의 매장은 다른 스킨케어 브랜드와 달리 화려하지는 않 지만 이솝만의 느낌을 주는 미적인 감각으로 마치 해외 고급 부

---

[*] 출처 : How to Crush Signature Moments – The Art of Subtly Delighting Customers, Joseph Michelli, August 21, 2022, CustomerThink | Customer-Centric Business

티크 호텔과 같은 느낌을 준다. 화장품 매장의 화려함이라기보다 아티스틱한 감성이 느껴진다. 들어서면 마음이 편해지는 향이 가장 먼저 느껴진다. 서비스 또한 호텔에서의 접대를 받는 듯하다. 컨설턴트라고 부르는 매장 직원이 적극적으로 고객에게 다가가 말을 건다. 이솝의 컨설턴트들은 고객에게 스토어 근처의 맛있는 레스토랑이나 훌륭한 작품을 전시하는 공간 등 예술과 문학에 대한 조언까지 할 수 있도록 교육한다고 한다. 호텔 컨시어지 서비스처럼 고객에게 맞는 제품을 찾아주는 것을 넘어 이솝 매장을 나가서까지 즐거운 경험이 될 수 있도록 하기 위함이다. 그래서 고객과의 대화거리도 더욱 풍부하다.

매장에 들어서면 눈을 사로잡는 2가지가 있다. 먼저 가지런히 열을 맞춰 놓은 제품들이 강렬한 인상을 준다. 화려한 인테리어가 있는 것은 아니지만, 행과 열을 맞춰 정리된 제품들이 임팩트 있는 인테리어 역할을 하고 있다. 이솝의 매장에서 눈길을 끄는 또 다른 하나는 매장에 놓인 커다란 싱크대이다. 이솝의 전 세계 모든 매장에는 커다란 싱크대가 시그니처로 자리 잡고 있다. 이솝에서는 싱크대에서 손을 직접 닦으며 제품을 테스트해볼 수 있는데, 이를 싱크 데몬스트레이션(Sink Demonstration)이라고 부른다.

이와 같이 이솝은 첫인상에서 화려한 장식 없이도 고객의 뇌리에 남는 이솝의 취향을 각인시키고 있다.

♦ 모든 보여지는 것에 브랜드 철학을 담다

오감을 자극하는 첫인상을 남기기 위해 시그니처 모멘츠들이 곳곳에 있다면, 여기에 깊이를 더해 이 브랜드를 더 알아보고 싶게 만드는 것은 이솝의 브랜드 철학이다. 이솝 매장에서 보여지는 모든 것에 철학이 담겨있다. 그래서 이솝이 고객에게 제시하는 브랜드의 취향은 깊이가 있다. 이솝이 제품 출시에 오랜 시간이 걸리고 패키지 디자인을 바꾸지 않고도 진부하게 느껴지지 않는 이유이기도 하다. 그렇다면 어떠한 철학이 고객들로 하여금 흥미를 끌고 있는지 살펴보도록 하겠다.

1. 이솝의 제품 철학

이솝의 제품 철학은 '세심한 열정(A meticulous passion)'이다. 자연 성분만을 고집하며 자연 친화적인 이미지를 만들려고 하기보다는 최대한의 효과를 낼 수 있도록 인공 성분과 조합한다고 자신 있게 말한다. 이솝은 전 세계에서 가장 평판이 좋은 공급업체로부터 재료를 조달한 다음 최첨단 기술을 적용하여 효과적인 제품을 만들고 있다고 한다. 홈페이지에도 명확히 '식물 기반 원료를 과학 기술에 기초해 만들었다'고 말하고 있다. 마케팅에 힘을 쓰는 브랜드라면 '유기농', '친환경'과 같은 요즘 인기 있는 단어들을 사용하여 제품을 포장하려고 할 텐데, 이솝은 이런 단어로 꾸미지 않는다. 이렇게 솔직 담백함과 과장되지 않은 태도에서 오히려 고객들에게 더욱 신뢰를 주고 있다.

"우리는 식물성 재료와 연구실에서 제조된 성분들을 공급하기 위해 폭넓은 조사를 하며, 반드시 효능과 안전성이 입증된 성분만을 사용합니다."

"이솝은 고객의 진정한 니즈에 부응하는 제품만을 출시하며, 심도 있는 연구를 통해 우수한 품질과 효능이 담긴 제품을 제공합니다."

-출처: 이솝 웹사이트

우수한 제품, 실제 효능이 있는 제품을 만들기에 진심이라는 것을 느낄 수 있는 것은 이솝의 제품 개발 주기에도 드러난다. 이솝이 제품을 출시하는 주기도 다른 회사와 다르다. 일반 뷰티 회사는 제품 출시 주기를 단축하는 데 노력을 기울이는 반면, 이솝은 준비가 되었을 때 제품을 출시한다고 한다. 그래서 제품 연구 개발에 보통 3~4년 정도가 걸리고 길게는 10년까지도 걸린다고 한다. 유행에 맞춰 상품을 개발하는 것이 아니라, 최고의 품질이 아니면 시장에 내놓지 않겠다는 점에서 품질에 대한 신뢰가 더욱 높아진다.

2. 이솝의 디자인 철학

이솝의 디자인 철학은 '기능과 환경에 대한 배려 깊은 소통'이다. 화장품 업계 관계자에 의하면 화장품 가격의 70%가 마케팅과 유통 비용이라고 한다. 물론 모든 화장품 브랜드의 마케팅과 유통 비용이 70%를 차지하는 것은 아니겠지만 그만큼 큰 비중을 차지하고 있다고 볼 수 있겠다. 하지만 이솝은 앞서 말했듯이 마케팅을 하지 않는다. 많은 화장품 브랜드가 고객의 관심을 끌기 위해 정기적으로 패키지 디자인을 바꾸지만, 이솝은 30년 동안 최소한의 변화만 있었다. 디자인을 최대한 오래도록 유지하기 위해 패키지의 실용성에 집중한다. 이는 매우 환경 친화적이기도 하다.

이솝의 핸드크림 튜브와 함께 '이솝' 하면 떠오르는 것은 '갈색병'이다. '갈색병'을 사용하는 이유는 자외선으로부터 안의 내용물을 보호하기 때문에 방부제를 최소한으로 사용하기 위함이라고 한다. 이솝의 모든 제품은 검은 뚜껑의 갈색병에 담겨 있고 레이블 디자인도 모두 똑같다. 용기를 예쁘게 보이기 위한 디자인보다 내용물을 보호하는 기능을 중심으로 한 디자인을 꾸준히 유지한 결과, 이 갈색병은 이제 이들의 시그니처가 되었다.

이솝은 실용적 디자인과 이를 유지하는 지속성, 최소한의 시각적 요소를 사용하며 마케팅 없이도 사람들에게 각인시키고 있다.

3. 이솝의 스토어 철학

이솝의 스토어 디자인 철학은 '지역 사회, 문화 및 역사 존중'에 기반한다. 브랜드의 정체성만을 유지하려고 지역과 어울리지 않는 공간을 만들기보다는, 그 지역의 거리에 속한 구성원으로 조화롭게 가치를 더하는 것에 의의를 두고 있다. 여기서 중요한 점은 외적인 조화만이 아니라 지역에 가치를 더하고자 한다는 것이다. 지역과 잘 어우러지면서 이솝 매장이 들어섰을 때 그 지역의 가치가 올라갈 수 있도록 심혈을 기울인다는 것이다.

지역에 가치를 더하기 위해 이솝은 새로운 매장을 준비할 때, 동네를 직접 찾아 그 장소만의 고유한 요소를 분석하는 데서 출발한다고 한다. 지역적 특성을 최대한 흡수하기 위함이다. 이솝은 지역 역사, 특성, 그 지역의 고유한 소재 등 참고할 만한 레퍼런스를 수집하는 초기 조사 단계를 거친다. 지역의 깊은 이해를 표현하기 위해 분석하는 것에 그치지 않고, 그 지역의 이해도가 높은 아티스트, 건축가, 인테리어 디자이너 등과 협력을 한다. 그래서 이솝은 전 세계에 디자인이 같은 매장이 하나도 없다. 각 나라, 각 지역의 매장들마다 디자인 차이가 확연히 보인다. 최대한 그 지역과 연관된 디자인 요소를 적용하여 그 지역의 특징적인 감성을 살리고 있다. 그리고 이처럼 같은 매장이 없다는 것은 취향 소비자들에게 또다른 흥미를 자극하여 각 지역마다 다른 이솝의 스토어 경험담을 블로그에 올리기도 한다.

♦ 고객의 삶 속으로 들어가다

브랜드의 철학과 가치관을 전달하기 위해 이솝은 다각적인 노력을 하고 있다. 철학과 가치관을 보여주는 것은 홈페이지에 명시하는 방법도 있지만, 이솝은 이에 더해 이솝이 추구하는 라이프스타일을 제시한다.

라이프스타일을 제시하는 활동 중 하나로 이솝은 삶을 풍요롭게 하는 스토리를 소개하는 '읽기(Read)' 섹션을 홈페이지에 운영하고 있다. 이솝은 이 '읽기' 섹션을 '더 아테네움(The Athenaeum): 문화 클럽'이라고 부른다. 다른 화장품 회사 같으면 자신들의 제품으로 피부를 관리하는 방법을 소개하거나, 요즘 트렌드를 소개했을 텐데, 이솝은 홈 라이프, 문화, 에세이, 인터뷰와 같은 라이프스타일 전반의 읽을 거리를 제공하고 있다. 해외 사이트에서는 팟캐스트(Podcast: 인터넷방송)를 제공하기도 한다. 콘텐츠들은 짧게는 3분에서 길게는 7분 분량의 글들로 이솝 브랜드가 추구하는 삶의 방식을 담은 내용이다.

어떻게 보면 많은 사람들이 '더 아테네움' 페이지를 방문해서 콘텐츠를 읽을 것 같지는 않다. 일반 기업의 성과 잣대로 보면 많이 보지도 않을 것 같은 콘텐츠를 유지 관리하는 노력을 왜 하나 싶을 수도 있다. 몇 개월 해보고 방문자 수에 실망하고 없앴을 수도 있다. 그런데도 이들이 '읽기' 섹션을 운영하고 있는 것은 끊임없이 브랜드의 가치관을 담은 이솝만의 라이프스타일은 무엇이다라는 것을 고객과 소통하기 위함이다. 트렌드를 따라가는 브랜드가 아니라 트렌드를 만들어가는 브랜드임을 알리기 위한 노력을 하고 있다. 그래서 이런 페이지를 단순히 방문자 수로 성과를 측정하기보다 브랜드 정체성을 다져가고 브랜드를 알리는 역할의 페이지라고 봐야 한다. 이런 노력들이 쌓여 지금과 같이 광고 없이도 인정받는 브랜드가 될 수 있었을 것이다.

Key Takeaway

이솝의 사례에서는 취향을 모으는 사람들, 이들처럼 브랜드를 자발적으로 알리는 홍보대사와 같은 사람을 해당 기업에서 어떻게 고객으로 만들었는지를 보았다. 이솝은 그들만의 콘텐츠로 깊이 있는 브랜드 취향을 만들었다. 이솝이 화장품을 파는 것은 맞지만, 그들은 브랜드의 철학을 팔기 때문에 브랜드의 매력에서 수많은 여타의 화장품 회사와 그 깊이가 다르다. 이솝에는 브랜드, 스토어, 제품, 상품 개발, 패키지에 모두 철학이 있다. 그리고 이 철학을 콘텐츠화했다. 이들은 자신의 철학을 원칙처럼 철저히 지킨다. 그렇기 때문에 이들의 철학은 고스란히 눈에 보이는 모든 요소에도 묻어난다. 이솝의 사례에서 봤듯이 자신의 취향을 드러내고 싶은 고객들에게 마케팅 없이도 깊이 있는 콘텐츠만 있으면 충분히 브랜드를 알리고 사랑받을 수 있다.

나이키, 운동화를
MZ 세대 명품으로 만들다

♦ 기능이 아닌, 가치를 선점하다

1장에서 나이키의 비즈니스 콘셉트가 '도전 정신'이라고 설명
했었다. 2장에서는 사회적 메시지를 내고 있는 나이키에 대해서
도 소개했었다. 도대체 도전 정신을 어떻게 비즈니스 콘셉트라
고 할 수 있는지, 사회적 메시지가 비즈니스에 어떤 영향이 있는
지 의아했을 수 있다. 이 장에서는 어떻게 나이키가 도전 정신과
사회적 메시지를 비즈니스에 적용하고 있는지 소개하고자 한다.

이를 위해서는 먼저 나이키의 '도전 정신'을 좀더 구체적으로
이해해봐야 한다. 도전 정신이라는 단어만 가지고서는 다른 스
포츠 브랜드 어디에나 써도 될 것 같기 때문이다. 나이키 브랜드
페르소나는 마이클 조던(Michael Jordan)이라고 해도 과언이 아니

다. 고등학교 2학년 시절 그리 뛰어나지 않은 선수였던 조던은 1군 선수 선발에서 탈락한다. 그 뒤로 물론 피나는 노력을 통해 고등학교 4학년 때에는 유망주로 두각을 나타내게 된다. 이처럼 그의 인생에서는 수많은 도전을 볼 수 있으며, 나이키가 추구하는 브랜드 페르소나 역시 '세계 최고의 스포츠맨'이라기 보다 '역경을 이겨낸 스포츠맨'이다. 나이키만의 차별화된 도전정신은 자신이 처한 삶의 한계를 뛰어넘는 데에 있다.

하지만 이것만으로 나이키를 다 설명할 수는 없다. 나이키의 도전 정신의 또 다른 측면에는 사회적 정의를 실현하기 위해 불합리한 것에 대해 도전하는 태도가 있다.

미국 인사이더(Insider: 미국 신문사)사가 뽑은 나이키의 역사를 만든 26개의 광고 중 가장 최근 것은 2018년 샌프란시스코 포티나이너스(San Francisco 49ers)의 쿼터백(미식 축구의 포지션 중 하나) 콜린 캐퍼닉(Colin Kaepernick)을 모델로 쓴 'Just Do It' 30주년 기념 광고이다.

나이키가 콜린 캐퍼닉을 모델로 선정한 배경에는 2016년 아프리카계 미국인이 경찰에게 불심검문을 당하다 총에 맞아 사망하는 사건이 있다. 콜린 캐퍼닉은 시합 시작 전 국가 연주 시간에 일어나지 않고 벤치에 앉거나 무릎을 꿇는 퍼포먼스로 인종

차별에 대한 무언의 항의를 했다. 그의 행동은 미국 프로 스포츠
계로 확산되었고, 나이키는 "콜린이 스포츠의 파워를 지렛대 삼
아 세계를 앞으로 진전시키는 데 도움을 준 우리 세대 선수들 가
운데 가장 많은 영감을 주는 선수라고 믿는다."라고 말하며 콜린
을 지지했다. 콜린 캐퍼닉 사례에서 볼 수 있듯이, 나이키가 추
구하는 브랜드 페르소나는 스포츠 도전 정신을 넘어 사회적 변
화를 리딩하는 사람으로 확장하고 있다.

나이키는 광고의 이미지나 메시지만으로 브랜드 콘셉트를 만
들어가는 것이 아니라 실제 사회적 도전 정신을 담은 제품까지
출시한다. 무형의 가치를 유형화하여 사용자가 구매를 통해 무
형의 가치를 소비할 수 있게 하고 있다.

디지털커머스리서치연구소 에디슨 트렌드에 따르면 콜린 캐
퍼닉 캠페인 이후 나이키의 온라인 매출이 그 해 노동절(3일) 기
간인 일요일부터 화요일까지 31% 증가했다고 한다.

나이키는 '도전'이라는 비즈니스 콘셉트를 견고화하면서 경쟁
사가 따라하기 힘든 '가치'를 파는 기업이 되었다. 비즈니스 프레
임을 스포츠에서의 도전에서 라이프에서의 도전으로, 더 나아가
가치관에 대한 도전으로 점점 더 고차원적인 가치를 지향하면서
다른 경쟁자가 따라잡기 힘든 독보적인 브랜드를 만들고 있다.

나이키 비즈니스 프레임의 진화

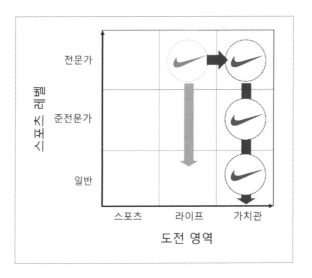

위의 표에서 X 축은 도전 영역의 확장을 보여준다. 나이키는 비즈니스 콘셉트인 도전 정신을 시대에 따라 더욱 고도화하며 경쟁사와는 다른, 나이키만의 프레임을 만들어가며 차별화하고 있다.

Y축은 스포츠의 레벨로 타깃 고객의 확장을 보여준다. 나이

키는 과거 전문가를 중심에 두고 이미지를 확장해 나갔다면, 이제는 스포츠를 하고자 하는 모든 사람을, 고객 각각을 중심에 두고 있다.

♦ 매장 방문의 이유를 만들다

많은 사람들은 이제 온라인에서 구매를 한다. 다시 말해 이제는 매장 방문의 이유가 구매가 아닌 시대가 되었다. 그래서 브랜드들은 어떻게든 고객의 매장 방문을 늘리기 위해 빠르게 오프라인에 볼거리, 체험거리를 늘리는 노력을 하고 있다. 볼거리와 체험거리가 방문을 유도하는 하나의 유인책이 될 수 있겠지만 지속적 유입에 한계가 있다. 나이키는 이 한계를 넘어 매장을 방문해야 되는 여러 이유를 만들어주고 있다. 방문 이유의 중심에는 개인화, 친환경 프로그램, 멤버십 차별화 서비스가 있다.

나이키는 '나이키 바이 유(Nike by You)'라는 개인화 서비스를 운영하고 있다. 웹사이트에서도 신발과 티셔츠를 개인화할 수 있지만, 매장에서는 특정 도시의 콘셉트를 더해 신발과 티셔츠를 꾸밀 수 있다. 그 지역에서만 구매할 수 있는 개인화 액세서리로 매장에 방문해야 되는 이유를 만들어 주고 있다. 좀 더 자신의 창의성을 담고 싶은 고객을 위해서, 특정 나이키 매장에서는 자신이 직접 스프레이와 페인트를 칠할 수도 있다. 아래 테이블에서는 나이키의 개인화 서비스인 '나이키 바이 유'의 온라인 서비스와 매장에서의 서비스 차이점을 볼 수 있다.

나이키 바이 유(Nike By You) 온라인 개인화	나이키 바이 유(Nike By You) 매장 개인화	
나이키 온라인을 통해 운동화에 다양한 컬러와 패턴을 입혀 자신만의 스타일로 만들어 배송 받을 수 있다.	운동화에 부착하는 다양한 패치, 프린팅, 지퍼, 이니셜 각인 등 자신만의 운동화를 만들 수 있다.	특정 기간 나이키 메이커스 스튜디오가 있는 매장에 한하여 예약을 통해 세상에 하나 밖에 없는 나만의 운동화로 색을 입힐 수 있다.

*이미지 출처 : 나이키 홈페이지

또 다른 매장 방문의 이유에는 친환경 프로그램이 있다. 나이키 주요 플래그십 스토어에서는 '무브 투 제로(Move to Zero)'라고 하는 제로 탄소와 제로 폐기물 활동에 고객이 동참할 수 있는 3가지 친환경 프로그램을 운영하고 있다. 이 프로그램은 '재활용+기부(재활용 플러스 기부)', '나이키 리페어(Nike Repair)'와 '리퍼비시드(Refurbished)'로 구성되어 있다.

'재활용+기부'는 헌 운동화와 의류를 세탁한 후에 기부 또는 재활용하는 것이다. 나이키 플래그십 스토어에 방문해 보면 손쉽게 '재활용+기부'를 할 수 있는 곳이 매장 한 켠에 마련되어 있다. 나에게는 더 이상 필요 없는 제품이지만, 누군가에게는 소중한 제품이 될 수 있고 환경 쓰레기도 줄일 수 있는 일석이조의 프로그램이다.

'**나이키 리페어**'는 수선이 필요한 신발과 의류에 다양한 디자인을 더해 새로운 제품으로 재탄생시켜주는 프로그램이다.

마지막으로 '**리퍼비시드 프로그램**'은 상태가 좋은 중고 운동화를 나이키가 매입하여 세척하고 수선해 할인된 가격으로 매장에서 다시 판매하는 프로그램이다. 리퍼비시드 제품들은 'Like New(A급 중고)'와 'Gently Worn(중고)', 'Cosmetically Flawed(외관상 결함)'의 3개 등급으로 분류해 판매된다. 등급에 따라 가격이 다르게 책정되고 리퍼비시드 라인 전용 박스에 담기게 된다. 환경 운동에 동참하면서도 좀 더 저렴한 가격에 제품을 구매할 수 있는 프로그램이다. 다시 팔기 어려운 상태라면 소재 재활용 프로그램인 나이키 그라인드(Nike Grind: 소재를 갈아서 재활용)에 쓰인다. 나이키 그라인드 프로그램으로 분해된 소재들은 운동화, 매장의 바닥, 경기장 바닥, 미술작품 등으로 새롭게 만들어지게 된다. 미국 나이키의 경우 구매 후 60일까지 환불해 주는 정책을 갖고 있어 그동안 적지 않은 수의 반품 제품의 부담이 있었으나, 이를 친환경 프로그램으로 승화시켜 긍정적 효과를 얻고 있다.

나이키가 고객들의 매장 방문을 유도하는 또다른 촉매제는 나이키 멤버십 가입 고객에게 제공하는 특별함이다. 나이키는 멤버십 고객들에게 정보, 시간, 차별성을 주고 있다.

나이키 앱에서 멤버십을 가입하면 위치 기반 서비스인 '매장

모드'를 통해 방문하는 매장의 정보, 사이즈별 재고, 멤버 전용 리워드 등을 손쉽게 확인할 수 있다. 또한 '상품 스캔', '검색' 기능을 통해 매장에서 구매할 수 있는 사이즈와 색상도 바로 체크할 수 있다. 원하는 제품에 대해 '피팅 요청'을 선택하면 피팅룸, 또는 픽업 장소에서 제품을 받아볼 수도 있다. 매장에서 줄을 서지 않고 바로 익스프레스 체크아웃을 할 수도 있고 셀프 체크아웃을 할 수도 있다. 나이키 SNKRS(스니커즈) 멤버 전용으로 운영되는 'SNKRS 라운지', 멤버십 회원만을 위한 특별 매장 운영 시간, 회원 전용 층을 통해 매장에서도 멤버십에 활기를 불어넣고 있다. 나이키 엑스퍼트 스튜디오에서는 전문가와 사전 예약을 통해 나에게 맞는 운동화를 찾아 주기도 한다. 2017년 나이키가 D2C(Direct to Customer: 중간 유통을 통하지 않고 고객에게 직접 판매) 전략을 선언 이후 나이키의 멤버십 고객을 위한 서비스는 더욱 다양해지고 있다.

◆ 희소성을 만들다

나이키는 스포츠 유형별 운동화, 다양한 스타일의 운동화를 판매하는 것은 물론이고 맞춤형으로 나만의 운동화를 만들 수도 있다. 이처럼 다양한 상품 라인업 전략으로 사용자를 끌고 있지만 나이키를 명품 레벨로 끌어올린 핵심 전략은 '희소성'이다.

나이키는 2015년 'SNKRS(스니커즈)'라는 앱을 만들었다. Nike

앱에서는 모든 일반 운동화를 판매한다면 SNKRS 앱에서는 한정판(exclusive) 제품만을 판매한다. SNKRS 앱을 사용하면 좋아하는 운동화의 출시 알림을 받고, 운동화가 만들어지게 된 비하인드 스토리를 볼 수 있다. 이뿐만 아니라 SNKRS Drawings(추첨)에 들어가서 구매의 기회를 얻을 수 있고, SNKRS Pass로 일부 운동화를 예약을 할 수도, 다음에 출시될 제품의 일정을 확인할 수도 있다. 어떤 운동화는 불시에 판매를 하기 때문에 항상 주시하고 있어야 한다. SNKRS 앱의 핵심은 모든 사람들이 다 가질 수는 없게 만들었다는 것이다. SNKRS 앱은 고객 입장에서는 스페셜 운동화 정보를 얻고 구매하는 앱이고, 나이키 입장에서는 프리미엄 고객의 정보를 얻을 수 있는 고객 데이터베이스가 되고 있는 것이다.

SNKRS 앱으로 프리미엄 제품 판매처를 확보했다면, 나이키는 '드롭(Drop)'이라는 판매 방식으로 희소성을 배가하고 있다. 드롭 판매 방식은 신제품을 정해진 날짜, 시간에 떨어뜨린다는 데서 착안한 신종 판매 방식으로 미국의 스트리트 패션 브랜드 슈프림(Supreme)이 먼저 시작해 유명해졌다. 판매 날짜가 공지되면 매장 앞에 사람들이 그 제품을 사기 위해 줄을 선다. 특정 날짜에만 신제품을 구입할 수 있고, 한정판에 대한 소비 심리를 자극하는 효과가 있다. 나이키는 드롭 판매 방식에 래플(Raffle)이라는 추첨 방식을 더해 세분화하고 있다.

래플(Raffle)은 추첨식 복권을 뜻하는 말로, 응모를 받아 판매하는 방법을 일컫는다. 나이키는 3가지 유형의 추첨 방식을 가지고 있는데, 기본적으로 나이키 SNKRS 앱에 계정이 있어야 한다. 3가지 추첨 방식도 나이키가 만든 명칭이 별도로 있다. 추첨 방식 3가지는 'FLOW(플로우)', 'LEO(레오)', 'DAN(댄)'이라는 명칭으로 불린다. 생소한 명칭이지만, 나이키 한정판을 구매하는 사람들은 다 알 정도로 팬덤이 두텁다. FLOW는 일반적인 선착순 방식이다. 좀 더 희소성 있는 한정판 제품은 LEO 방식으로 추첨을 한다. LEO 방식은 먼저 계정에 로그인해서 줄을 서고 2~3분 안에 무작위로 우승자를 선택하는 방식이다. 그리고 가장 희소성 높은 한정판 제품을 대상으로 하는 DAN 방식은 LEO와 달리 대기열이 아닌 추첨에 이름을 넣으면, 10~30분 안에 결과가 나온다. LEO보다 DAN 방식이 주어진 시간이 더 길지만 DAN 방식은 한정판 제품이라 많은 사람들이 몰리고 구매할 수 있는 제품의 수는 적으므로 당첨이 될 확률은 더 낮다. 갖고 싶어도 가질 수 없기 때문에 사람들의 소유하고 싶은 욕구는 올라간다. 유튜브에도 어떻게 해야 나이키 드롭에 당첨될 수 있는지에 대한 노하우 콘텐츠들이 있을 정도이다. 나이키의 드롭 판매 방식으로 인해 희소가치가 더욱 높아져 소비자들의 구매 욕구를 자극하고 있다.

희소성 높은 제품과 돈이 있어도 가질 수 없는 판매 방식 때문에 리셀러 시장이 커지고 프리미엄 가격이 붙어 비싼 가격에 운동화가 판매되고 있다. 리셀러 시장이 커지다 보니 아예 비싼 가격에 재판매하기 위해 전문적으로 구매하는 업자가 나타났다. 나이키는 이런 업자를 막기 위해 2022년 10월부터 이용약관 개정안에 '재판매를 위한 구매 불가' 조항을 추가하기도 했다. 마케팅 전문가들은 재판매 구매 불가 조항에 대해 실제 작동할지 의문을 갖고 있지만, 고객의 불이익을 막고자 노력하는 모습마저도 MZ 세대 명품 브랜드의 면모로 비춰지고 있다.

♦ IT 기술로 고객과 접점의 틀을 깨다

나이키는 고객을 리프레임하여 운동을 하기 힘들어하는 고객을 자신의 고객으로 만들었다. 여기에 활용된 것이 IT 기술이다. 이제 IT 기술의 적용은 선택이 아닌 필수가 되고 있다. 2장에서 사용자의 삶의 접점에서 사용자가 운동에 쉽게 입문하도록 돕는 나이키 런클럽(NRC, Nike Run Club) 앱과 나이키 트레이닝 클럽(NTC, Nike Training Club) 앱을 소개했었다. 나이키의 비즈니스는 운동화와 운동복 판매에서 일어난다. 운동을 하는 사람들이 늘어야 그들의 비즈니스가 커진다. 나이키가 런클럽과 트레이닝 클럽 앱을 운영하는 것은 운동하고자 하는 마음은 있으나 문턱을 넘기 힘들어하는 사람들을 도와 고객으로 만들기 위함이다. 이를 통해 운동 입문자를 다른 경쟁자들에게 뺏기지 않고 자연스럽게 나이키 고객으로 만들 수 있다. 앱 자체는 무료이고 운동 입문자들에게 이만큼 재미있게 운동을 습관화할 수 있는 콘텐츠와 앱도 많지 않다. 사용자와 나이키 모두에게 윈윈(Win-Win)이 된다.

운동 입문자들이 운동을 습관화하기 힘든 핵심 장애물은 시간이 갈수록 동기부여가 떨어진다는 데에 있다. 달리기 파트너, 개인 트레이너, 또는 다른 형태의 격려가 없으면 사람들이 습관화에 실패하기 쉽다. 나이키 런클럽 앱은 사람들이 동기부여를 받을 수 있도록 달리기 운동 지도, 맞춤형 코칭, 사용자들 간의 응원 기능을 제공하고, 이를 통해 계속 훈련하고 목표를 달성하도록 격려한다.

여기에 더해 또다른 주요 동기부여 요소는 '재미'이다. 나이키 런클럽 앱에는 운동을 즐겁게 하면서 사용자 참여 및 유지를 촉진하는 게임화(Gamification: 게이미피케이션) 요소가 곳곳에 있다. 이 앱은 사용자가 자신의 운동 세션을 기록하고 다른 친구와 그룹 챌린지(Challenge)에 참여하도록 지속적으로 권장한다. 많은 챌린지가 앱에서 제시되고 참가자에게 상품도 주어진다. 각 챌린지는 제한된 시간 동안만 참여할 수 있어 마감되기 전에 참여해 봐야겠다는 촉진 역할을 한다.

작심삼일이 되기 쉬운 운동에 동기부여를 주는 또 다른 방법은 '격려'이다. 사용자가 운동을 달성하면 축하 메시지를 띄워준다. 나이키는 계속 나아가도록 격려하는 개인화된 메시지로 작은 도전에도 지속적으로 축하해준다. 지속적인 격려는 사용자의 능력에 대한 자신감을 높이는 동시에 앱 내 참여도를 높이는 효과가 있다. 또한 달릴 때마다 기록을 친구들과 공유하고, 새로운 도전 '미션'이 마치 게임의 다음 스테이지가 열리듯이 잠금 해제된다. 격려를 받으며 자신이 레벨 업되고 있다는 것을 느끼게 해준다.

사용자는 자동으로 친구들과 업적을 공유할 수도 있는데, 이 친구 공유 기능이 사용자를 나이키 앱의 고객으로 유지(Retention Hook)하는 역할을 한다. 이 기능은 사용자가 다른 사용자에게 알림을 보낼 이유를 제공하여 앱으로 다시 돌아오게 하는 역할을 한다. 나이키 런클럽 앱 사용을 멈춘 사용자가 친구로부터 친구의 기록을 공유 받으면 다시 운동을 시작하게끔 만드는 자극이 될 수 있기 때문이다. 신규 사용자를 모집하는 것도 중요하지만 기존 사용자의 재구매/재방문을 유지하는 것도 중요하다.

나이키의 궁극적인 목적은 무료 앱을 제공하는 것이 아니라 잠재 고객을 고객으로 만들고, 기존 고객은 충성 고객으로 만드는 것이다. 나이키는 운동화와 운동복 제품을 판매해서 돈을 번다. 따라서 나이키 런클럽 앱은 나이키 제품 구매를 할 수 있는 나이키 온라인 쇼핑 앱과 연결되어 있어 지속적으로 사용자가 새로운 제품을 구매하도록 유도한다. 또 나이키는 앱에서 얻은 사용자의 프로필과 러닝 스타일을 기반으로 개인화된 제품을 추천해준다.

나이키 런 클럽 앱에서 개인 정보를 입력할 때 사용자는 현재 자신의 러닝화를 브랜드에 관계없이 입력할 수 있다. 자신의 러닝화를 등록해 놓으면, 이 러닝화를 신고 얼마나 뛰었는지 마일리지를 기록할 수 있으며, 신발을 교체해야 할 때 자동으로 알림을 받는다. 이때의 핵심은 성가시게 느껴지거나 제품을 사라고 강요하는 느낌이 아니라, 사용자에게 도움이 되는 느낌을 주어야 한다는 것으로, 이점이 앱 디자인의 성패를 좌우한다. 판매자가 아니라 운동을 도와주는 서포터가 되어야 한다는 점에서, 앱에서 운동화 입력 시 다른 브랜드의 제품도 입력할 수 있게 했다는 점이 작지만 큰 차이를 만들어주고 있다.

Key Takeaway

나이키 사례를 통해 지속적으로 리프레임을 어떻게 하는지를 보았다. 나이키는 핵심 차별점인 '도전정신'의 개념을 스포츠에서 라이프로, 다시 가치관으로 확대해 나간다. 보이는 제품은 카피하기 쉽다. 하지만 따라하기 힘든 비즈니스는 상품을 잘 만드는 것 외에 나만의 차별점, 물건이 아닌 보이지 않는 가치를 파는 데에 주목한다. 나이키는 여기서 더 나아가 IT를 결합하여 소비자 층을 넓히고 운동을 하지 않는 사람까지 고객으로 만들며, 판매 방식을 리프레임하여 희소성을 만들었다.

그리고 고객에게 판매자가 아니라 운동을 도와주는 서포터로, 또는 도전 정신을 지지하는 서포터로 고객의 마음에 포지셔닝하고 있다.

에필로그

리프레임은 새로운 도약의 기회이다

리프레임의 사례로 4장에서 소개한 에어비앤비, 홉스킵드라이브, 스타벅스, 이솝과 나이키는 모두 자신만의 프레임으로 창업하고, 기존 비즈니스를 발전시키며, 진화시키고 있다.

리프레임은 큰 기업만이 필요한 것도 아니고 큰 기업만이 할 수 있는 것도 아니다. 에어비앤비와 홉스킵드라이브는 스타트업으로 시작한 브랜드이다. 그렇다고 IT를 활용한 스타트업만이 할 수 있는 것도 아니다. 스타벅스와 이솝은 상품으로만 보면 화장품과 커피라는 매우 친숙한 일상용품으로 새로울 것이 없는 상품을 자신만의 프레임으로 새로운 가치를 만들어 냈다.

한 번 만든 프레임을 계속 유지해야 되는 가? 그건 아니다. 나이키는 도전 정신을 비즈니스 콘셉트로 스포츠 분야에서 삶의 도전으로 그리고 가치관의 도전으로 확장하며 진화시키고 있다. 이렇듯 리프레임은 어떤 사업 분야에서도 고민해봐야 한다. 그리고 한가지 당부하고 싶은 말이 있다.

브랜드 사례들을 벤치마킹의 관점으로 보지 않았으면 한다. 소개한 아이디어들 중의 일부를 나도 적용해 봐야 되겠다는 생각이 들었다면 생각을 접어주기를 바란다. 리프레임은 하나의 혁신적인 아이디어의 적용이 아니라 리프레임 콘셉트를 중심으로 모든 요소를 꿰어내는 것이다.

그렇다면 이들에게 성공 방정식은 무엇인가? 이들은 기존의 경쟁 틀에서 벗어나 자신만의 프레임을 만들어 혁신적인 아이디어들을 적용하며, 자신만의 비즈니스를 하고 있다는 것이다.

이 책에서 리프레임의 관점과 방법, 사례들로 설명하긴 했지만, 기업 내에서 리프레임을 하기는 쉽지 않다. 컨설팅 프로젝트를 해 보면 리프레임을 해야 된다는 인식도 되어 있지 않은 경우가 대부분이다. 보통 현재 경쟁 프레임 속에서 무엇을 더 개선해야 되는지, 어떻게 젊은 세대를 고객으로 만들지, 어떻게 재방문 고객을 늘릴지, 어떻게 현재 비즈니스에 새로 나오고 있는 IT를 적용해서 혁신을 할지 등의 고민을 털어 놓는다. 그리고 경영 성과에 나타나고 있는 문제점들을 하소연한다. 재방문 고객이 줄고 있다든지, 대체재가 많아져 고객 수와 객단가가 줄고 있다든지, 새로운 고객 유입이 안 된다든지, 젊은 고객층에게 잊혀지고 있다든지 등, 문제는 있지만 어디서부터 무엇을 바꿔야 할지 막

막해한다. 그리고는 대부분 제품과 서비스의 품질은 경쟁사와 비교하여 뒤떨어지지 않거나 더 우수하다고 말한다.

하지만 성과 지표에서 말해주듯, 이제 고객은 더 이상 제품과 서비스의 우수성만으로 구매를 하지 않는다. 이 책을 읽으신 분들이라면 현재의 프레임에서의 우수한 제품과 서비스만으로 고객을 만족시킬 수 없다는 것을 알 것이다. 현 상황을 다 파악하고 내가 리프레임을 해야 한다고 클라이언트 기업에 말하면 "리프레임을 꼭 해야 하나요?"라고 되묻곤 한다. 리프레임이라는 단어를 사용해서 나에게 질문하는 것은 물론 아니다. "적용할 만한 아이디어를 빨리 내면 안 될까요?"라고들 질문한다. 클라이언트 회사들은 대부분 빨리 새로운 아이디어를 내서 결과를 적용하고 싶어한다. 물론 나는 지금까지 안 된다고 말해왔고, 다행히 단순히 몇몇 개의 혁신 아이디어를 내는 프로젝트가 아닌, 리프레임 프로젝트로 진행할 수 있었다.

아직도 리프레임을 망설이는 기업이 있다면, "리프레임은 기업의 선택이다"라고 말해주고 싶다. 단지 리프레임을 하지 않고 지금의 프레임에서 아이디어만 낸다면 가격과 품질 경쟁 속에서 살아남으면 된다. 그리고 이 경우에는 유사한 품질의 제품과 서비스를 제공하는 경쟁사가 나타나면 고객은 별 고민 없이 옮겨갈 것이다. 많은 기업들이 고객 중심으로 생각한다. 고객에게 가치를 제공하고, 더 나은 경험을 만들어주려고 한다고 하지만, 이

또한 어떤 프레임에서, 누구에게, 어떤 가치와 경험을 제공해 줄지 생각을 안 하고 막연히 열심히 일할 뿐이다. 열심히 고민하다 보면 결국 똑같은 경쟁 프레임 안에 조금 개선된 기능과 서비스만 추가하게 된다. 결국 2장에서 언급한 노키아처럼 기업은 고객을 잘 알고 있다고 믿지만, 실제로는 고객에게서 잊히는 브랜드가 되는 상황이 된다. 리프레임은 선택이라고는 하지만, AI, 메타버스, IoT 등 새로운 기술이 출현하고, 고객의 가치관과 라이프스타일이 변하고 있는 현 시대에 리프레임을 하지 않는다면 어떤 기업에는 위기가 될 것이고, 이를 기회로 만드는 기업에게는 새로운 도약이 될 것이다.

혁신을 고민하는 기획자, 전략가, 혁신 프로젝트를 맡은 관리자나 창업자, 학생들에게 이 책을 마무리하며 마지막으로 남기고 싶은 말은, 혁신을 하기 위해서 현재 내가 믿고 있는 것들을 잠시 틀릴 수도 있다고 머릿속 한 켠에 두고 리프레임을 고민해 봤으면 한다는 점이다. '빨리빨리'와 경쟁에서 이기는 것에 익숙한 한국 기업 문화 속에서 깊은 고민과 통찰을 통해 비즈니스를 다른 시각으로 보고자 하는 사람들에게 도움이 되었으면 한다.

마지막으로, 이 책이 나오기까지 도움을 주신 분들께 감사 인사를 드리고자 한다. 직장 일을 하면서 책을 쓰는 것은 쉽지 않은 일이었다. 나에게 도전할 수 있는 용기를 주신 라온북의 조영석 소장님께 감사드린다. 소장님의 강의를 듣고 책을 써봐야겠다는 마음을 먹을 수 있었다. 제 글을 읽고 의견을 주시며 다듬어 주신 편집진께도 심심한 감사를 드린다. 짧지 않은 집필 기간을 이해해주고 항상 나에게 힘을 주신 어머님, 아버님, 남편 심형진 님에게도 고맙다는 말을 전하고 싶다. 그리고 나에게 남들과 다른 시각으로 볼 수 있는 근간이 된 다양한 외국 생활의 기회를 주신 부모님께 감사드린다. 사고의 깊이를 키워 주시고 고객의 감성까지 읽어야 된다는 것을 깨우쳐 주신 투르카 케이노넨(Turkka Keinonen) 교수님, 미래 통찰을 통해 기회를 도출하는 다양한 방법론을 소개해 주신 피터 맥그로리(Peter McGrory) 교수님, 디자인 경영과 디자인 씽킹으로 창의적인 비즈니스에 눈을 뜰 수 있게 해 주신 나건 교수님, 그리고 이 책의 원천이 된, 회사 내부 프로젝트는 물론이고 외부 컨설팅 프로젝트 등 여러 유형의 프로젝트 기회를 주시고 나만의 방식으로 프로젝트를 진행할 수 있도록 항상 믿고 기다려 주신 제가 거친 모든 상사분들께도 깊은 감사의 말을 전하고 싶다.

덧붙여, 한국의 많은 크고 작은 기업들, 새로운 비즈니스를 시작하려고 하는 예비 창업가들의 사업이 글로벌 혁신 사례로 소개되고 인정받길 응원한다.

북큐레이션 • 당신의 비즈니스를 새롭게 바꿀 라온북 추천 실용도서

《비즈니스 리프레임》과 읽으면 좋은 책. 경기침체와 불황을 극복하고 성장 동력을 찾아내는 원동력이 되는 라온북의 도서를 소개합니다.

판을 바꾸는
질문 경영 챌린지

300% 질문 경영

박병무 지음 | 13,500원

**생존을 위해 300% 성장하는 경영의
핵심 노하우가 실린 실전 지침서**

이 책은 핵심을 꿰뚫는 리더의 질문은 능동적이고 생산적인 회의 분위기를 만들고 리더의 경청과 인내는 기업 문화를 바꾸어 마침내 경영 프로세스의 체질까지 바꾸는 혁신으로 이어질 것임을 보여준다. 그리고 그 솔루션인 질문 경영 전략을 제시하고 있다. 괄목할 만한 기업 생산성과 효율성의 향상을 꾀한다면 대기업, 중소기업을 막론하고 조직혁신의 지름길인 질문 경영 프로세스로의 리셋 작업을 서둘러야 한다는 것을 이 책에서 질문 경영 성과 사례들을 통해 피부로 느낄 수 있을 것이다.

혁신을 가져오는
'3P' 영업 비법

300% 강한 영업

황창환 지음 | 14,000원

**내 기업의 강점은 살리고 매출을 올리고 싶은가?
강한 기업을 만드는 강한 경영자가 되는 비밀을 담았다!**

3년 적자 기업을 신규 고객 창출로 흑자 전환한 경험, 2년 만에 40개가 넘는 신규 지점을 개설한 경험, 폐점 직전이었던 매장의 영업 실적을 50% 이상 증대시킨 경험, 정체되어 있어 있던 매출을 두 자릿수로 성장시킨 경험 등 저자의 실제 영업 성공 사례와 생생한 노하우를 한 권에 담아냈다! 언제 어디서나 기업에 혁신을 일으킬 수 있는 영업 비법을 손에 쥐고 싶은가? 시대와 시장의 흐름에 영향받지 않는 지속적인 매출과 경영 성과를 얻고 싶은가? 그렇다면 지금 당장 강한 기업이 되기 위한 첫 번째 관문, 바로 '강한 영업'을 시작하라.

비욘드 리세션

이석현 지음 | 25,000원

**전 세계적으로 엄습하는 경기침체의 파고를 넘어
또 다른 성장의 기회를 잡아라!**

이 책 《비욘드 리세션》은 그런 면에서 기업 CEO들이 나무가 아닌 숲을, 눈 앞의 포말이 아닌 멀리서 다가오는 파도의 흐름을 바라보며 대비하게 해주는 책이다. 분명 곳곳에 경기침체의 징후들이 가득하며, 이에 대비해야 하지만, 위기의 파고를 넘었을 때의 성장 동력을 재무장하는 방법이 이 책 《비욘드 리세션》에는 함께 제시되어 있다. 동전의 양면을 둘 다 놓치지 않는 지혜가 이 시대 기업인들에게 더욱 요구되는 것처럼, 경기침체와 그 극복 후의 성장과 반등을 동시에 생각할 줄 아는 혜안이 이 책을 통해 길러지리라 생각한다.

턴어라운드 4.0

이창수 지음 | 17,000원

**하이 아웃풋(High Output)을 만들어
기업의 턴어라운드를 발생시키는 전략 통찰법!**

《턴어라운드 4.0》은 기업의 멋진 항해를 도와주는 도구인 환경과 시스템을 구축하기 위해 기업과 경영인이 갖춰야 할 전략과 통찰을 정리한 책이다. 저자의 30년의 경험이 녹아 있는 기업의 턴어라운드 프로세스는 언제 사라져도 이상하지 않은 부실기업을 '강력한 기업'으로 재탄생시켜줄 수 있는 비결을 상세히 알려준다. 어려운 상황에서도 기업의 성공과 발전을 달성할 수 있도록 미래를 정확하게 예측하고 철저히 기획하는 데 이 책이 큰 도움이 될 것이다.